세계의 도시와 마을을 통해 본
공공공간의 다목적 서비스
상업공간의 공익적 서비스

66 판매의 수익금은 한국의 공공디자인 "교육" 및
공공, 경관, 도시, 관광, 도시재생, 역사, 문화, 예술 등
다양한 분야와 융복합되는 공공디자인 관련
"도서출판"에 사용될 예정입니다. 99

" **고령자와 약시자**를 위하여 문자의 크기를
일반서적보다 크게 구성하였습니다. "

" 환경을 위하여 재활용 용지를 사용하였습니다. "

PROLOGUE

국가의 경계가 의미를 잃고 도시가 주목받으면서
세계의 도시들은 경쟁하듯 다양한 콘텐츠를 개발하
여 관광객들을 불러들이며 지역 활성화와 지역경제
향상에 힘을 기울이고 있습니다.

COVID-19의 등장과 팬데믹을 경험했지만 인류는
또다시 도시와 마을 농·산·어·촌 할 것 없이 세계 인
류문명의 역사와 문화를 찾아 나서고 있습니다.

필자는 COVID-19 이전 북유럽과 서유럽, 동유럽과 이베리아반도, 아프리카와 아메리카, 인도차이나반도, 동남아시아 등 57개국에 이르는 인류 건축 문명권을 탐방하며 도시와 마을 그리고 사람들을 기록하고 정리해 왔습니다.

인류는 제각각 다양한 스토리를 문화 콘텐츠 자원으로 만들어 내며 때로는 화려하게, 때로는 하늘 높이 솟아오르고, 어느 곳은 크지는 않지만, 그 자원이 품고 있는 영향력은 전 세계의 관광객들을 불러 모으고 있습니다.

섭씨 50도가 오르내리는 이집트 문명을 찾아 나서
는 등 방학을 맞아 1년에 최소한 2번 많게는 4~5번
의 세계 기행을 다니던 필자에게는 물론, 인류에게
바이러스는 우리의 일상을 바꾸어 놓았습니다. 사
드 메르스 이후 COVID-19와 인류가 일찍이 경험
해 보지 못한 팬데믹은 세계를 꽁꽁 얼어붙게 만들
었고 위드 코로나와 포스트 코로나로 명명되며 멀
티데믹이라는 신조어까지 등장하게 되었습니다.

바이러스는 소강상태를 보이며 지금은 닫혀있는 국경이 모두 개방되고 언제 그랬냐는 듯 일상으로 돌아왔지만, 세계의 많은 석학들은 앞으로 더 많은 바이러스가 인류를 간섭할 것이라고 예견하고 있습니다.

참혹했던 흑사병이 그랬듯이 우리에게 COVID-19도 서서히 잊히고 있습니다.

세상 사람들은 마치 갇혀있던 팬데믹 상황을 보상이라고 받아낼 듯 여행길에 올라 출입국 방문수가 급격히 늘고 있다고 합니다. 달라진 게 있다면 단체의 집단이동보다는 소규모의 가족 단위 심지어 개인 위주의 여행이 늘어나는 추세인 듯합니다.

과거 패키지여행이라고 불리던 여행보다 개별단위의 여행을 하게 되면서 여행 목적지에 대한 충분한 정보와 지식을 습득하여 여행하게 되므로 과거보다 더 깊이 있고 유익함이 있다는 분위기입니다.

그동안 필자는 세계의 인류 건축문명권을 기행하며 다중이용시설인 공공공간에서 이루어지고 있는, 다목적 다기능 서비스 그리고 과거와 달리 영리를 목적으로 하는 상업 공간에서 시민의 문화적 향유를 위한 편의시설과 휴게시설, 놀이 시설 등의 공익적 서비스를 제공하는 세계의 도시와 마을들의 하드웨어[H/W]와 소프트웨어[S/W]를 알게 되었습니다.

물론 그 바탕에는 휴먼웨어[HnW]의 튼튼한 초석이 있었다는 것도 알 수 있었습니다!

"그들의 공간은
왜 우리와 다를까요? "

"우리와 다른
우리가 미처 생각해 내지 못한
공간의 해석과 다양한 활용 가치! "

"때로는 높고 넓고 권위적이지만 품위와 품격이 있고
어느 한 곳 버려진 곳 없는 짜임새 있는 공간들!"

"때때로 비좁고 보편적이지만
부족하지 않은 알찬 공간들!"

그들의 공간은 다양한 목적을 동시에 수용하고 소화해 내는 효율적인 다목적 공공공간을 형성하며 살아가고 있었고 또한, 다 기능 요구에 자연스럽게 어우러지면서 개인과 기업들의 상업 공간마저도 공공을 위해서는 산술적 손익을 따지지 않고 공유하고 있었습니다.

공익적 서비스의 공간과 공간들 그리고 그 안에 녹아든 수많은 자원과 시설물들을 만나 경험해 보면서 우리와 다른 그들의 생각과 실천들이 부러웠습니다.

늘 그렇게 품고 있던 생각들을 한국의 다양한 분야의 전문가와 시민들에게 알리고 싶었습니다.

그동안 방문했던 도시와 마을들을 통해 틈틈이 모은 자료들을 통하여 공공디자인 저널에 연재하였고 이후 2019년 정희정 교수의 공공디자인 세계 기행과 2021년 세계의 도시와 마을 그리고 사람들에 이어 세계의 도시와 마을을 통해 본 "공공공간의 사적 서비스. 사적 공간의 공적 서비스" 란 제목으로 준비하였습니다!

감성과 **심미성**에 기반한 공공디자인을 이야기하기 위해 여행과 기행이라는 비교적 수월하게 묻어갈 수 있는 방향으로 진행하게 되었습니다.

궁금하기 짝이 없는 그들의 사고와 그들의 방식을 찾고자 2000년부터 세계 기행을 통하여 조사한 자료들을 모아 분석한 2009년의 박사학위논문은 대한민국 공공디자인 박사 1호라는 사명감으로 오늘에 이르게 되었습니다.

"바라보고"

"만져보고"

"두드려 보고"

"가까이서 보고 멀리서도 바라보면서"

"주인 된 입장과 객관적이며 비판적인 입장"
에서도 해석해 보았습니다.

그러한 필자의 행보는 해를 거듭하며 공공 경관 관광 도시재생 역사 문화 예술 등 다양한 분야와 융복합되었습니다.

공공디자인이 단순한 오늘날 한국의 교육 편제 방식만으로는 균형을 잡을 수 없다는 것을 깊게 깨닫게 되면서 디자인은 행정을 이해하고 행정은 디자인을 이해하며 나아가 서로 기초적인 전문지식도 알아야 비로소 더욱 우수한 결과물로 이어지며 모두에게 오래도록 사랑받을 수 있는 디자인이 될 것이라 생각하게 되었습니다.

실천하고자, 몸담고 있는 서경대학교 일반대학원에 공공디자인·행정학과 석사학위 교과과정을 시작하였습니다.

대한민국 최초, 유일의 교과과정의 시작은 녹록지 않을 것이라는 생각은 했지만, 그 과정은 매우 복잡하고 힘든 후속 조치들이 꾸준히 발생되고 요구되었습니다.

지금은 열 분의 원생 분들이 열심히 학습에 전념하고 있습니다.

이 책이 초판 인쇄될 시기와 때를 같이해 행정학석사[공공디자인·행정학전공]가 최초로 탄생하는 축하와 영광의 12월이 될 것입니다. 만학의 원생들이 정성과 열정으로 일궈낸 고귀한 열매입니다.

이제는 실천적이고 실효성 있는 디자인 능력을 갖춘 행정력, 행정 능력을 갖춘 디자인의 인적 자원이 육성되어야 할 것입니다.

출판될 이 책이 공공디자인 관련 공무원 예술가 그리고 공부하는 학생들과 시민[주민]들에게 작은 도움이 되기를 바랍니다.

2023년 12월
정희정

CONTENTS

시민들의 문화공간 헬싱키[Helsinki]

템펠리아우키오 교회
[Temppeliaukion Kirkko]

_____

핀란드
Finland

헬싱키

시민들의 문화공간 헬싱키[Helsinki]
템펠리아우키오 교회
[Temppeliaukion Kirkko]

도시의 중심에 자리하고 있던 화강암의 바위 동산을 파내서 지은 템펠리아우키오 교회[Temppeliaukion Kirkko]는 세계의 디자인 수도라고 불리는 핀란드 건축디자인의 철학과 예술미, 그리고 실용적 공공 건축을 잘 대변해주고 있습니다.

암석과 어우러진 아름답고 기발한 이 공간은 바위산을 파낸 공간의 음향설계로 약3,100개의 파이프로 구성된 4단 오르간과 함께 웅장한 음향을 경험할 수 있도록 설계되어 교회 본연의 목적 외에도 헬싱키의 관광자원이 되며 지역 시민들의 문화 공간으로 활용되어 시시때때로 음악회 결혼식 장례식 등이 열리고 있어 인근 국가들은 물론 전 세계에서 죽기 전에 꼭 가봐야 할 건축물 리스트에 빠지지 않고 오르며 변함없이 사랑받고 있습니다.

Samsung SM-G930K F1.7 1/131s

25

" 세계 디자인의 수도로 불리는 나라!
여름 동안에는 해가 지지 않는 백야의 나라!
세계에서 가장 살기 좋은 나라로 손꼽히는 핀란드! "

© 정희정 │ Samsung SM-G930K F1.7 1/4816s

숲과 호수의 나라로 국토의 약 70% 이상이 숲으로 이루어져 있으며 10% 정도는18만 개 이상의 호수로 이루어져 있습니다.

Samsung SM-G930K F1.7 1/3216s

31

Samsung SM-G930K F1.7 1/2736s

자작나무가 많고 자작나무에서 자일리톨을 추출
하여 충치 예방에 효과를 주어 세계에서 치아가 가
장 건강한 나라 1위라고도 알려져 있습니다.

Samsung SM-G930K F1.7 1/814s

우리 일행은 빽빽하게 들어선 숲과 호숫가를 자동차
로 달리면서 핀란드에서만 경험할 수 있는 완성되지
않은 비정형의 자일리톨 껌을 입안에 넣으며....

'발트해의 아가씨'란 애칭으로 불리기도 하는 핀란드
의 수도 헬싱키로 향합니다!

Samsung SM-G930K F1.7 1/3936s

2016년 8월 여름방학을 맞아 꿈에 그리던 북유럽의
자연과 건축문명권으로의 기행을 떠났습니다.

우리 일행은 세계 3대 박물관으로 꼽히며 겨울 궁전으로 더 이름
난 국립 '에르미따쥐 박물관[The State Hermitage Museum]'
과 '네바강[Neva River]의 스핑크스' '로스트랄[Rostra] 등대' '페
트로파블로프스크[Peter and Paul Fortress] 요새' 등 러시아
[Russia] 상트페테르부르크[Saint Petersburg]에서 일정을 소화
한 후 핀란드 역에서 알레그로[Allegro]라고 불리는 고속열차 편
으로 헬싱키 중앙역에 도착했습니다.

Samsung SM-G930K F1.7 1/453s

템펠리아우키오 교회(Temppeliaukion Kirkko)
는 디자인이 문화가 되며 미래의 전략이 된다는 것을 이
미 오래전에 증명한 결과물이라고 해도 과언이 아닐 것
입니다.

Samsung SM-G930K F1.7 1/5840s

템펠리아우키오 교회(Temppeliaukion Kirkko)는 건축가이며 가구 디자이너로 활동하던 형제 티오모[Timo]와 투오모 수오마라이넨[Tuomo Suomalainen]이 1960-1961년에 열린 건축 공모전에서 우승하게 되며 태동하였습니다.

당시 교회에서는 깊은 고민에 빠졌다고 합니다.

그들이 제안한 디자인은 센세이션과 거부감을 불러일으켰지만 그들의 작품은 오늘날 헬싱키 문화유산의 일부가 되었으며 현재 많은 방문객의 관심을 끌고 있으며 결혼식을 위해 가장 많이 요청되는 교회 중 하나라고 합니다.

Samsung SM-G930K F1.7 1/1952s

형제들은 실내 장식도 디자인했다고 합니다.

암석이 절단된 공간은 도로에서 쉽게 접근 할 수 있
도록 계획되었습니다.

Samsung SM-G930K F1.7 1/2872s

특히 인상적인 것은 교회의 주변 어디에도 십자가
나 종탑 등의 상징물과 간판이 없다는 것이었습니다.

교회의 출입구에 와서야 암석과 조화로운 색의 금속으로 만든 작은 십자가가 이곳이 템펠리아우키오 교회(Temppeliaukion Kirkko)라고 말해주고 있습니다.

Samsung SM-G930K F1.7 1/4352s

© 정희정 │ Samsung SM-G930K F1.7 1/50s

49

Samsung SM-G930K F1.7 1/100s

50

교회의 타원형 본당은 햇빛을 받아 암벽과 구리 실
린더 사이의 좁은 채광창을 관통합니다.

돔의 내부 표면에는 구리 테이프 형식으로 감아져 있는데 펼치게 되면 약 22km에 이른다고 합니다. 지름은 24m이며 정점은 지상에서 13m에 이릅니다.

Samsung SM-G930K F1.7 1/50s

53

Samsung SM-G930K F1.7 1/50s

54

Samsung SM-G930K F1.7 1/50s

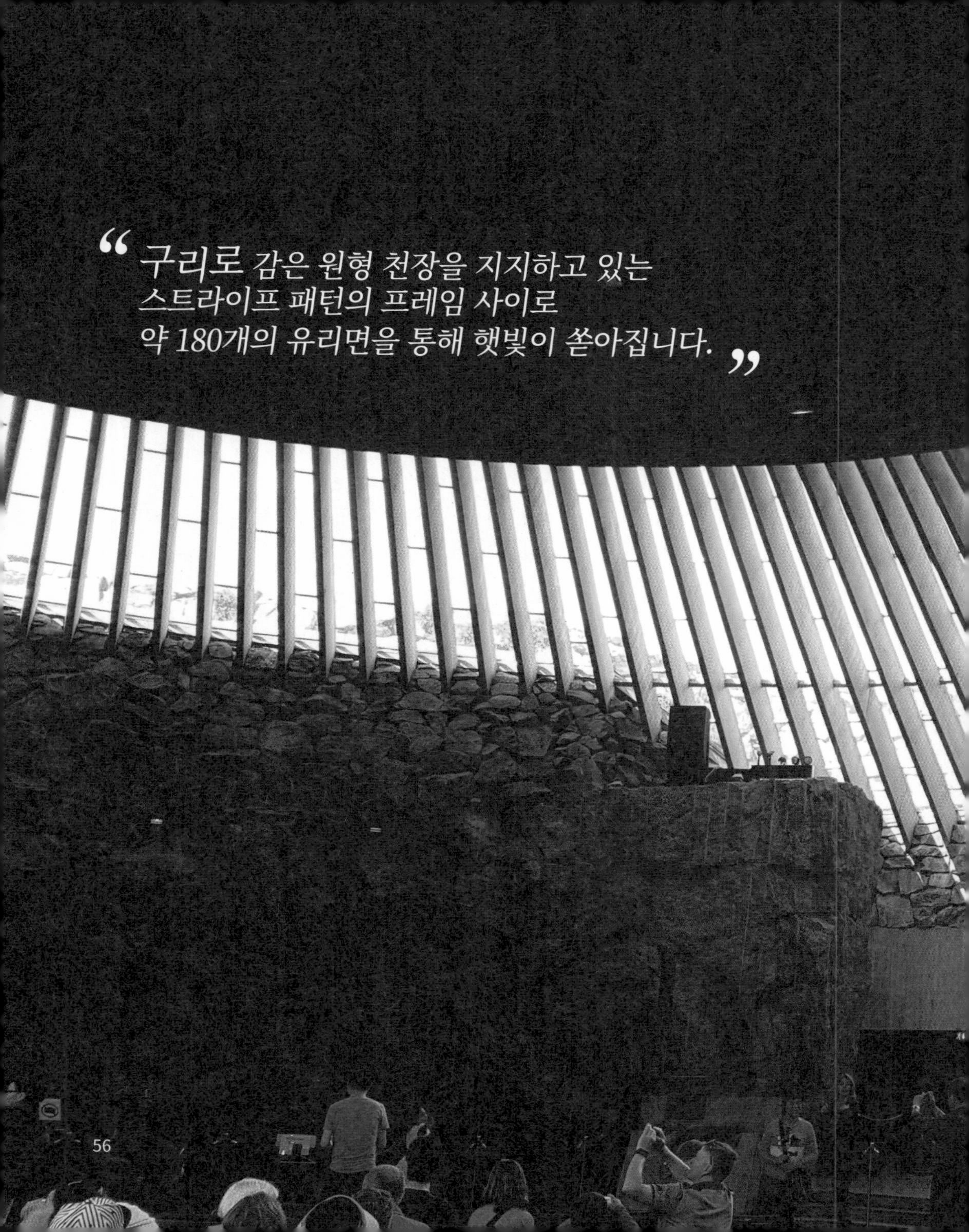

“ 구리로 감은 원형 천장을 지지하고 있는
스트라이프 패턴의 프레임 사이로
약 180개의 유리면을 통해 햇빛이 쏟아집니다. ”

Samsung SM-G930K F1.7 1/100s

57

Samsung SM-G930K F1.7 1/4816s

"예배당으로 쏟아지는
햇빛은 신비로웠고
프레임의 그림자가 만들어내는
수십에서 수백에 이르는
십자가는 경이롭기까지 합니다!"

Samsung SM-G930K F1.7 1/50s

Samsung SM-G930K F1.7 1/100s

Samsung SM-G930K F1.7 1/50s

건축가들은 또한 1975년에 지어진 오르간의 외관을
디자인했는데 4개의 키보드와 페달 43열로 이루어진
총3,001개의 튜브가 장착되어 있다고 합니다.

Samsung SM-G930K F1.7 1/20s

Samsung SM-G930K F1.7 1/50s

Samsung SM-G930K F1.7 1/50s

벽의 바위 표면은 심미성과 음향효과를 위하여
거친 형태를 그대로 보존하고 있습니다.

Samsung SM-G930K F1.7 1/25s

Samsung SM-G930K F1.7 1/25s

Samsung SM-G930K F1.7 1/25s

암석을 따라 굴곡진 스틸의 배수구가 인상적입니다.

바위의 틈새에서 흘러나오는 물을 지하로 내려 보내는 배수구는 건축가들이 얼마나 암반의 존재 자체에 중점을 두었는지 알 수 있습니다.

Samsung SM-G930K F1.7 1/163s

건축가의 원래 디자인이 축소
되긴 했지만, 교회의 최종 부피
는 13,760m^{3}으로 교회 건축 작
업은 1968년 2월 14일에 시작
되었고 작업이 빠르게 진행되어
같은 해 9월 28일에 착공할 수
가 있었다고 합니다.

최고의 비용 절감으로 진행되면서도 자연과 어우러진 교회를 넘어서 공공의 건축공간으로 탄생시킨 템펠리아우키오 교회(Temppeliaukion Kirkko)는 현재와 미래에도 인류에게 사랑받는 건축물임에는 틀림없을 것입니다.

Samsung SM-G930K F1.7 1/100s

73

Samsung SM-G930K F1.7 1/50s

74

❝우리는 어떻게 해석했을까요?

폭파하고 자르고 평탄화시켜 도시의 일반건축들과
다름없는 보편타당한 가치 기준으로 해석했을지도
모를 일입니다.

건축가들의 파격적인 디자인도 디자인이지만 그 놀라
운 제안에 손을 들어준 교회와 헬싱키의 도시행정에
고개를 숙이게 됩니다.**❞**

전시·기념관과 축구장의 복합공간

산티아고 베르나베우 경기장
[Santiago Bernabéu Stadium]

마드리드

스페인
Spain

전시·기념관과 축구장의 복합공간
산티아고 베르나베우 경기장
[Santiago Bernabéu Stadium]

1944년 10월 27일에 지어진 81,044석 규모의 산티아고베르나베우 경기장 [Santiago Bernabéu Stadium]은 스페인 축구 국가대표팀의 홈구장으로 사용되기도 하며 21세기 최강의 축구팀 중 하나인 레알 마드리드 (Real Madrid)의 홈구장이라는 점에서 많은 축구팬들의 사랑을 받으며 방문해보고 싶은 곳에 손꼽히는 곳입니다.

장구한 축구의 역사 속에 축을 이루고 있는 경기장이 2019년 착공하여 2022년 10월 완공을 목표로 스타디움이 열리고 닫히는 돔 형식으로 리모델링이 진행되고 있습니다.

Canon EOS 5D Mark II F5.6 1/125s

과거의 경기장에도 다양한 공간 활용을 통하여 복합공간의 역할을 해왔으며 리모델링되어가는 영상과 조감도를 통해 알 수 있듯이 외부공간과 내부공간은 단순하게 축구 경기 이상의 복합문화공간으로 재탄생될 산티아고 베르나베우 경기장 [Santiago Bernabéu Stadium]을 기대해 봅니다.

Canon EOS 5D Mark II F3.5 1/50s

81

기행문에는 이렇게 기록하고 있습니다.

2015년 2월 6일 금요일 밤 23시 30분 KE913편에 올랐다. 12시간 40분의 긴 비행끝에 스페인의 마드리드 국제공항에 도착했다.

-중략

동화 같은 분위기에 반해 월트 디즈니가 만화영화 백설 공주의 배경으로 삼기도 했으며 디즈니랜드에 똑같은 모양의 성을 만들기도 했다는 아름다운 알카사르[alcázar]성 과 2000년 전 로마 시대의 토목 기술을 살필 수 있는 로마 수도교와 세고비아의 문명을 돌아본 후 늦은 오후 마드리드로 돌아왔다.

-중략

Canon EOS 5D Mark II F2.8 1/40s

레알 마드리드(Real Madrid)축구장으로도 통하는
산티아고 베르나베우 경기장 [Santiago Bernabéu
Stadium]을 찾았습니다!

Canon EOS 5D Mark II F2.8 1/30s

실내는 축구경기장이라기보다는 전시·기념관의 복합공간으로 층별마다 관객의 긴 이동 동선인 공간의 벽면과 천장 등을 활용하여 레알 마드리드 축구의 역사와 인물들을 상세하게 소개하며 발전과정을 미디어 파사드로 입체적 영상을 송출하고 경기 당시 사용되었던 축구공, 유니폼, 축구화, 트로피 등이 시대적 흐름과 연대에 따라 전시되어 있습니다.

" 흙과 땀으로 뒤범벅되고 때가 묻어있는
유니폼과 축구화들은 당시의 현장감을
고스란히 품고 있었습니다. "

Canon EOS 5D Mark II F2.8 1/30s

이러한 전시물들은 산티아고 베르나베우 경기장 [Santiago Bernabéu Stadium]만의 자원이 되고 시간이 지나며 점점 보물이 되고 있습니다.

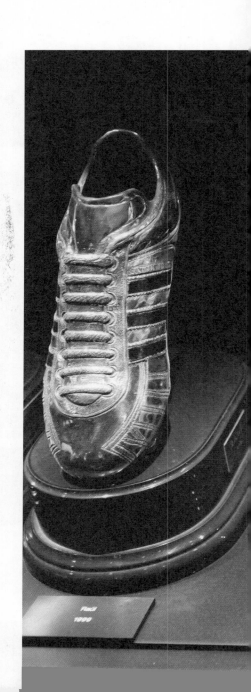

© 정희정 | Canon EOS 5D Mark II F2.8 1/40s

Canon EOS 5D Mark II F2.8 1/40s

역사적인 경기의 모든 것들은 아카이빙되어
스타디움의 실내공간에 전시·기념관과 축구
장의 복합공간이 되어 세계인들이 찾아드는
관광자원을 만들어 내고 있습니다.

Canon EOS 5D Mark II F2.8 1/40s

95

층별로 좀 더 자세히 살펴보았습니다!

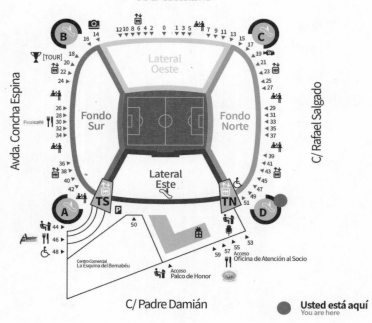

Estadio
Santiago Bernabéu

Pº de la Castellana

Lateral
Oeste

Fondo
Sur

Fondo
Norte

Lateral
Este

Avda. Concha Espina

C/ Rafael Salgado

[TOUR]

Realcafé

Centro Comercial
La Esquina del Bernabéu

Acceso
Palco de Honor

Acceso
Oficina de Atención al Socio

C/ Padre Damián

Usted está aquí
You are here

Canon EOS 5D Mark II F2.8 1/40s

역사와 시대를 거슬러 발전해 나가는 모든 과정을 스타디움의 통로 공간을 활용하여 구성한 역사 전시와 기념관은 경기관람 외에도 또 다른 볼거리로 관광자원이 되고 있으며 적절한 장소에 쉴 수 있는 쉼터들이 편리하게 구성되어 있습니다.

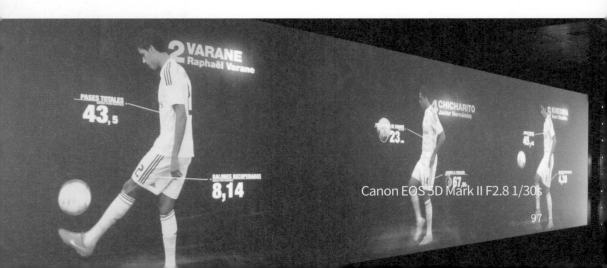

Canon EOS 5D Mark II F2.8 1/30s

ⓒ 정희정 │ Canon EOS 5D Mark II F2.8 1/30s

" 추운 겨울의
잔디를 관리하기 위하여 바퀴 달린
온열기들이 따뜻한 햇볕 색상의 열을
분출하며 분주하게 그라운드를 오가는
모습이 인상적이었습니다! "

100

그라운드와 접해있는 1층은 경기가 없는 비수기에 개방하여 선수들의 대기 벤치와 코치 벤치도 구경하고 앉아 볼 수도 있는 재미를 주고 있는데 벤치에 앉아서 그라운드를 바라보면 마치 축구경기 중의 환호가 들리는듯 합니다.

Canon EOS 5D Mark II F4.5 1/100s

Canon EOS 5D Mark II F4.5 1/80s

81,044석의 관중들의 함성소리와 터질듯한 숨소리, 역동적인 움직임들 그리고 스텝들과 감독 코치들의 긴박하고 긴장감 넘치는 모습들과 소리들이 텔레비전과 영화에서 보았던 그 이상의 감동 경험을 느껴 볼 수 있었습니다.

경기가 없는 시즌에는 선수들이 직접 사용하는 라커룸과 샤워장들을 개방하여 방문객들에게 잊을 수 없는 경험과 감동을 전해주고 있습니다.

이런 경험 후에는 레알 마드리드를 사랑하지 않을 수는 없을 듯했습니다.

Canon EOS 5D Mark II F2.8 1/40s

Canon EOS 5D Mark II F3.5 1/50s

스페인을 넘어 세계 각국에서 찾아온 관광객들을 그
냥 보낼 수는 없었을 것입니다.

어김없이 기념품샵이 자리하고 있었습니다.

다양한 유니폼과 축구용품들 또는 사전에 초상권에 대
한 안전 프로그램을 구축하여 레알 마드리드의 선수들
의 사진과 함께 포즈를 취하며 만들 수 있는 합성사진을
판매하기도 합니다.

레알 마드리드(Real Madrid)는 '풋볼 스카이'란 아마추어 학생클럽으로 1897년에 시작되었다고 합니다. 몇 해 뒤 이 팀은 '뉴 풋볼 데 마드리드'와 '클럽 에스파뇰 데 마드리드'로 나누어지고 그 중 '에스파뇰 데 마드리드'가 1902년 3월 6일에 '마드리드 FC'로 개칭하며 법인으로 새롭게 출범한 것이 공식적인 역사의 시점이 되고 있습니다.

마드리드 FC는 출범 초기부터 강팀이기도 했지만 스페인의 중심 도시 마드리드의 중심에서 출범하였기에 그들의 재정 지지층은 튼튼했습니다.
이후 주변 지역의 몇몇 클럽을 흡수 병합한 마드리드 FC는 창단 3년째 되던 1905년 스페인 국왕컵에서 우승을 시작으로 승승장구하게 됩니다.

1920년 국왕 알폰소 13세는 스페인어로 왕립이라는 뜻의 레알 [Real]이라는 칭호를 수여하기도 하였습니다.

1936년의 내전과 쿠데타로 인한 사회적 혼란으로 1939년까지 각종 스포츠 대회는 중단되었고 뒤이어 유럽 전역은 제2차 세계대전으로 축구도 멈추게 됩니다.

전쟁이 끝난 후 스페인의 축구장은 서서히 되살아나기 시작했으며 1950년대에 스페인과 유럽 축구계의 주요 강자로 자리매김했는데, 유러피언컵을 5번 연속 우승하고 7번 결승에 오르며 무적함대 레알 마드리드라고 칭송되었다고 합니다.

레알 마드리드[Real Madrid] 또는 레알[Real]로 알려진 프로 축구 구단은 스페인의 마드리드 지방 마드리드에 연고를 두고 있으며 전통적으로 하얀색 유니폼을 입고 경기를 합니다.

국제무대에서 12번의 유러피언컵과 UEFA 챔피언스리그를 기록하고 4번의 FIFA 클럽 월드컵 우승을 이루었으며 2000년 레알 마드리드는 FIFA 20세기의 구단으로 선정되었고, 2010년에는 IFFHS로부터 20세기 유럽 최고의 구단으로 선정되기도 합니다. 레알 마드리드[Real Madrid]구단은 2004년에 FIFA 100주년 명예의 훈장을 받기도 했습니다.

https://www.realmadrid.com/en/bernabeu-stadium

미니멀하고 퓨쳐리즘적인 경기장의 외부디자
인과 마감재료, 나아가 외부벽면은 미디어파사드로
영상을 송출하기도 하는 등 과거와는 또 다른 전시·
기념관과 축구장의 복합공간으로 발전되어 우리에
게 등장할 것입니다.

https://www.realmadrid.com/en/bernabeu-stadium

2022년 10월 완공을 목표로 스타디움이 열리고 닫히는 돔 형식으로 리모델링이 진행되고 있어 스페인을 뛰어넘은 또 하나의 명소가 예감됩니다.

https://www.realmadrid.com/en/bernabeu-stadium

코로나바이러스가 사라지고 자유로운 여행의 시작을 조심스럽게 예시하는 2022년에 맞추어 개장하게 될 마드리드의 레알 마드리드 [Real Madrid] 산티아고 베르나베우 경기장[Santiago Bernabéu Stadium]의 웅장한 모습과 함께 감탄과 열광의 함성이 환영되어 다가옵니다.

상업공간의 공적 서비스

뉴욕 메이시스[Macy's] 백화점 플라워 쇼[Flower Show]

미국
United States of America

뉴욕

상업공간의 공적 서비스
뉴욕 메이시스[Macy's] 백화점 플라워 쇼[Flower Show]

———

명품매장 거리로 유명한 뉴욕 미드타운
[Midtown]의 한복판에 자리한 메이시스
[Macy's]백화점에서 열리는 이 행사는 매년 3
월 말에서 4월 초 봄이 되면 약 2주 동안 백화
점 내에 수천 수만 개의 꽃과 식물로 환상적인
플라워 쇼[Flower Show]가 열리며 올해로
47회로 역 산출해 보니 1974년도부터 시작되
었던 거 같습니다.

Canon EOS 5D F4.5 1/80s

113

Canon EOS 5D Mark II F4.0 1/60s

무료로 개방되는 플라워 쇼 [Flower Show]는 메이시스 [Macy's]백화점의 영업시간 동안 쇼핑과 함께 꽃을 감상할 수 있도록 상업공간에서 행해지는 공공을 위한 공적 서비스로 시민의 문화 향유를 제공하고 있습니다.

금방 끝날 것 같았던, 얼마 지나지 않아 좋아질 것 같았던 코로나-19의 펜데믹[Pandemic]이 장기화 되면서 인류는 누구나 할 것 없이 극심한 스트레스를 경험하고 있습니다.

하루하루가 답답하던 중 얼마 전 개장한 여의도 현대백화점의 더 현대 서울은 지하 7층~지상 8층, 영업면적 8만9100㎡의 서울 최대 규모로 혁신적 설계와 다양한 콘텐츠를 통해 오픈스페이스로 개방감을 극대화하고 식물 등 그린 공간을 구성하여 이국적인 테라스 공간에서 쇼핑과 식사 등 문화적 향유를 위한 도심 속 공원을 만들어냈습니다.
오랜만에 절제하고 억눌린 생활 속에서 모처럼의 나들이는 보복심리가 작용하여 구매로 이어지는 때 아닌 특수로 펜데믹[Pandemic] 상황을 무색하게 할 정도로 매출이 늘었다고 합니다.

이러한 소식들과 더 현대 서울의 실내정원인 도심 속 공원이 매스컴과 소셜미디어를 통해 확산되며 오랫동안 재택근무와 집콕 생활로 지칠 대로 지쳐있던 시민들이 마치 코로나로부터의 탈출구와 해방감을 찾은 듯 서울과 지방 할 것 없이 앞다투어 방문하는 모습들을 보면서 문득 지금으로부터 14년 전인 2007년 4월 찾았던 100년 만에 눈이 내리며 한파가 찾아왔던 뉴욕의 거리들이 떠오릅니다.

약 15일의 뉴욕 일정 도중 미국은 물론 세계 곳곳에 충격이며 한인 사회에 엄청난 후폭풍을 안겨준 버지니아 공대의 한인 총기 사고로 미국 사회는 얼어붙었고 한인사회는 몹시 긴장된 상황에서 이틀의 일정을 더 보낸 후 뉴욕의 JF케네디 공항을 통해 한국으로 돌아왔던 유쾌하지 못했던 기억들도 함께 있지만, 뉴욕을 배경으로 한 영화들과 음악들도 함께 맨해튼[Manhattan] 패션의 천국 매디슨가[Madison Ave], 센트럴 파크[Central], 매디슨 스퀘어 공원 [Madison Square Park], 6번가와 웨스트43번가에서 48번가까지, 그리고 할렘가와 수십 년째 라이온킹만을 공연하고 있던 브로드웨이극장 미디어파사드와 전광판 광고 등 야경이 재미있고 뉴욕에서 가장 화려한 거리인 타임즈 스퀘어[Times Square], 영화에서 많이 보았던 눈 내리고 비 오는 저녁의 엘로우캡, 그리고 기회가 될 때 소개하고 싶은 소호[Soho]라고 불리는 사우스 오브 하우스턴(South of Houston), 소호[Soho]거리는 지금은 샤넬과 프라다 등의 명품 브랜드 매장과 맛있고 역사 깊은 고급 레스토랑이 많이 자리하고 있어 새로운 트렌드를 창조해 내는 패션과 맛의 거리로 뉴요커 거리의 대명사가 되었지만 19세기 후반에 지어진 캐스트 아이언 건축물이 많아 뉴욕 시는 이곳을 역사 보존 지구로 지정해 보호하고 있어 공장과 창고 대부분이 잘 보존되어 있어 독특한 분위기가 매력적이며 예술가들이 과거 허름한 창고에 아틀리에를 마련하고 창작활동을 하며 건축물 외벽이나 간판이 캔버스가 되어 예술의 거리로도 잘 알려져 있습니다.

Canon EOS 5D F4.0 1/80s

Canon EOS 5D Mark II F5.0 1/125s

120

그렇게 많은 맨해튼의 유명거리는 물론 골목 구석구석 다니다 유난히도 사람들이 북적이는 백화점에 들어서게 되었습니다.

사전 조사나 정보도 없이 들어선 상업공간인 백화점에서 놀라운 장면을 발견했습니다.

"
백화점 입구에서부터 넓지는 않지만 로비 공간과
매장의 공간에 온통 식물과 생화로 실내가든을
연출하고 있었습니다.

기린과 여러 동물의 형상을 넝쿨 식물과 생화로
만들어내고 매장의 판매대와 진열대 등의 상부와 하부
할 것 없이 아름답게 데코레이션된 가드닝은 그야말로
입을 딱 벌어지게 했습니다.
"

Canon EOS 5D F4.5 1/80s

123

Canon EOS 5D F4.5 1/80s

맨해튼의 시민들은 그 아름답
고 신비한 실내가든에서 행복
한 일상을 보내고 있었습니다.

Canon EOS 5D Mark II F5.0 1/100s

126

당시 한국에는 쇼윈도우나 출입구 부분에 시즌별 디스플레이를 통해 대중들에게 계절을 알리며 앞다퉈 시대적 유행에 따른 의류와 가방, 신발 등의 소품들로 상품을 전시하여 홍보하는 목적이 우선하고 그를 통하여 간접적으로나마 문화적 향유를 즐겼던 상황과는 전혀 다른 실로 넘치는 정성으로 상업공간인 백화점에 공적 서비스를 제공하는 실로 놀라운 상업공간을 만나게 되었습니다.

Canon EOS 5D F4.0 1/60s

세계적인 패러다임과 추세도 그러하듯이 한국사회도 근래에는 여러 곳에서 친환경적인 건축물과 녹색 친화적 외부공간과 내부공간의 도시환경을 쉽게 만날 수 있습니다만 14년 전 당시에는 참으로 놀라운 환경이었고 연출이었습니다.

Canon EOS 5D Mark II F2.8 1/30s

129

Canon EOS 5D F3.5 1/60s

이후 뉴욕을 다시 찾지 못했지만 다시 갈 기회가 생긴다
면 사전에 철저히 조사하여 그 해에 계획된 콘셉트와 스
토리텔링 아울러 이후 진행되는 다양한 이야기들을 알
고 싶습니다.

Canon EOS 5D F4.0 1/60s

명품매장 거리로 유명한 뉴욕의 미드타운[Midtown]
의 한복판에 자리한 메이시스[Macy's] 백화점에서 열리
는 이 행사는 매년 3월 말에서 4월 초 봄이 되면 약 2주
동안 백화점 내에 수천 수만 개의 꽃과 식물로 환상적인
플라워 쇼[Flower Show]가 열리며 올해로 47회로 역
산출해 보니 1974년도부터 시작되었던 거 같습니다.

메이시스[Macy's]백화점의 홈페이지에 들어가시면
아주 오랫동안 이어져 온 플라워 쇼[Flower Show]의
줄거리를 살펴볼 수 있으며 다채로운 뉴욕시민들과
방문객들의 이야기가 함께 하고 있습니다.

메이시스[Macy's]백화점의 홈페이지의 글을 인용하면
다음과 같습니다.

Canon EOS 5D F4.0 1/60s

" 식물원에 가본 적이 있습니다!

그러나 백화점에 이런 플라워 쇼[Flower Show]가
열리니 매우 행복하고 즐겁습니다. 정말 멋있습니다.

저는 나무와 식물과 꽃들의 향을 맡으며 동시에
쇼핑할 수 있는 이곳을 찾을 것이며 봄이 되면
늘 이곳을 찾게 됩니다. 정말 행복합니다! "

유명한 미드타운 백화점에 수천 송이의 밝은 색상의 꽃을 가져다
가 향수 카운터를 절망적으로 한층 더 멋지게 장식하는 예술적인
디스플레이에 배열하는 제44회 메이시 플라워 쇼
(Macy 's Flower Show)가

...중략...

Canon EOS 5D F4.0 1/80s

올해는 "봄날 원스 어폰"이라는 주제를 중심으로 한 기발한 편곡에 감탄할 준비를하세요! 판타지에서 영감을 받은 설치물은 모두 고전적인 요정 테마로 재생되는 오리지널 캐릭터와 조각품을 특징으로 합니다.

우리는 많은 장미를 볼 수 있습니다. 확실히 물망초로 만든 해자와 한두 마리의 난초 용입니다.

Canon EOS 5D F4.5 1/80s

스토리 북 쇼는 3월 25 일부터 4월 6일까지 진행되며, 꽃 애호가를 위한 매장 내 이벤트의 전체 라인업을 제공합니다. 그러므로 추운 날씨를 견뎌내세요!

언젠가 당신의 봄이 올 것입니다.

매년 열리는 메이시 플라워 쇼 (NYC의 화려한 꽃 축제)에서 장미 향기를 맡을 시간!

지금은 옥상 바 또는 최고의 NYC 공원으로 향할 시기는 아니지만 매년 열리는 *Macy 's Flower Show 2020*에서 다가오는 따뜻한 날씨를 즐길 수 있습니다.

도시 최고의 백화점 중 하나인 *Macy 's Herald Square*에 갑자기 나타나는 단풍.
여러분도 알기 전에 뉴욕은 모든 봄 축제를 준비할 것입니다.

Canon EOS 5D F4.0 1/60s

"

꽃으로 가득 한 이 전시회에 뉴욕시민과 타지 주민
모두가 모여 2주 동안 특정 주제에 맞게 장식된
입이 떡 벌어지는 장식이 전시됩니다.

메가 체인의 헤럴드 스퀘어 위치에서 2020년 할부
주제는 *Voyage to Oceanum*입니다.

플라워 쇼 날짜는 2020년 3월 22일 일요일부터 4월 5일 일요일까지 6번가와 7번가 사이에 있는 151W 34st Street New York Macy 's Herald Square에서 열립니다.

플라워 쇼는 무료입니다!

Macy의 평범한 업무 시간 동안 쇼핑하는 동안 꽃을 감상할 수 있습니다. 자세한 내용은 macys.com/ flowershow 를 방문하십시오. "

Canon EOS 5D F2.8 1/60s

문화예술공간으로 재탄생한 발전소!
런던[London]
테이트 모던[Tate Modern]

영국
United Kingdom

런던

문화예술공간으로 재탄생한 발전소!
런던[London]
테이트 모던[Tate Modern]

테이트 모던[Tate Modern]은 런던 브리지에서 멀지 않은 템스강 남쪽 기슭의 뱅크 사이드[Bankside]에 위치하고 있으며 과거 도박과 환락가 극장으로 잠시 무역과 상업 및 산업 분야에서 활발했으나 탈산업화로 침체된 지역에 있던 폐기된 발전소를 세계의 유명건축가 70명이 참가한 국제 건축 공모전으로 두 명의 젊은 스위스 건축가 자크 헤르조그[Jacques Herzog]와 피에르 드 뫼롱[Pierre de Meuron] 의 제안으로 재탄생하게 됩니다.

Tate Modern 2004 Olafur Eliasson-Weather Project

144

테이트 모던[Tate Modern]은 현대 미술의 주
요 미술관으로 편집인의 기억 속에 비중 있게
자리하던 덴마크 출신의 현대미술가 올라퍼
엘리아슨[Olafur Eliasson]의 작품 날씨 프로
젝트[Weather Project]와 함께 테이트 모던
[Tate Modern]을 조명해 봅니다.

17년 전인 2004년 테이트 모던[Tate Modern]을
찾았던 생각이 납니다.

오래된 기억이지만 초자연의 풍경을 거대한
실내공간에 옮겨온 그날의 신비하고 흥미로움은
지금까지 필자에게 생생하게 기억되고 있습니다.

도로에서 강화유리의 여닫이문을 밀고 들어선 후
그다지 넓지 않은 공간을 지나고 제법 커다란
문을 들어갔을 때 놀라운 광경과 만나게 됩니다.
그 광경은 실로 놀라웠고 오랜 시간이 흐르는
동안에도 늘 감동으로 남아있었습니다.

출입문을 밀고 들어간 순간 판타지 영화 속에 들
어온 듯 마법에 빨려들었습니다.

" 커다란 태양!
해 질 무렵 주홍색으로 물드는 석양! "

희미한 안개가 흐르고 전시 공간의 노출콘크리트의 바닥 면에는 수많은 사람이 앉거나, 서거나, 드러누워 마치 해변이나 초원의 언덕에서 그런 것처럼 저무는 태양을 바라보고 있었습니다.

천장에는 반사되는 거울과 같은 비닐계 쉬트인 바리솔[Stretch sealing lighting] 이라고 불리는 건축재로 마감되어있어서 투영되는 거울과 같이 바닥에 누워 천장을 올려다보면 바닥 면의 모든 사람이 여유롭게 쉬고 있는 모습들을 발견할 수 있었습니다.

그 놀랍고 신비로움 속에 섞이고 투영된 필자의 모습도 찾아볼 수 있었습니다.

Tate Modern 2004 Olafur Eliasson-Weather Project

군 복무 시절 대규모의 진지방어 훈련을 하던 중 저녁을 들고 잠깐 쉬던 산 정상에서 수백 명에 이르는 전우들이 서산에 펼쳐진 그 황홀했던 풍경에 넋을 잃고 간부와 사병 할 것 없이 모두가 말을 잊은 채 바라보던 그 저녁노을!

전우들의 얼굴들에 붉은 노을이 물들던 그 날도 기억합니다.

필자는 어린 시절에도 저녁노을에 대한 기억이 많이 있습니다. 운동장에서 종일 시끄럽게 떠들고 놀다 땀과 흙범벅이 된 채 집으로 돌아오는 길에 만났던 양떼구름과 아름답던 저녁노을의 풍경!

그 아름다운 광경을 필자는 영국 런던의 폐기된 발전소를 문화예술공간으로 바꾼 테이트 모던[Tate Modern]에서 만났고 큰 감동을 하게 되었습니다.

" 햇살을 그리워하며 일광욕을 즐기는
유럽과 영국 사람들의 정서에 어울리는
이 흥미롭고 신비롭기까지 한 전시는
덴마크 출신의 현대미술가 올라퍼 엘리아슨
[Olafur Eliasson]의 작품
날씨프로젝트[Weather Project] 이었습니다. "

Tate Modern 2004 Olafur Eliasson-Weather Project

테이트 모던[Tate Modern]의 실내공간에 태양을 옮긴 올라퍼 엘리아슨[Olafur Eliasson]은 덴마크에서 태어나 아이슬란드에서 자라며 어릴 때부터 아버지와 함께 경험하게 된 북유럽의 자연경관이 그의 작품 활동에 큰 영향을 주었고 자연을 인공적으로 재현하는 작품을 만들어내는 작가로 성장하게 되었다고 합니다.

거대한 인공 태양이 따뜻한 빛을 내뿜는 전시하는 동안 전시장을 찾은 사람들은 누가 먼저라고 할 것 없이 전시장에 누워 일광욕을 즐기듯이 누워있기도 하며 자연에서 그러듯 즐거운 시간을 경험하게 되며 6개월 동안 진행된 기간에 약 200만 명에 가까운 관람객이 다녀갔다고 전해지고 있습니다.

사전 조사가 미흡한 채로 테이트 모던[Tate Modern]을 찾게 되어 아쉬운 점들이 많아 한국으로 돌아온 후 테이트 모던[Tate Modern]에 대해 조사와 연구를 하게 되었고 이후부터 필자는 세계의 도시로의 기행을 떠나기 전 소설과 영화 음악에 이르기까지 많은 공부와 사전 조사를 하게 되는 좋은 습관이 만들어졌습니다.

갑자기 떠나는 건축기행의 경우 사전 조사가 부족해 중요한 것들을 놓쳤던 기억들이 많이 납니다.

테이트 모던[Tate Modern]은 런던 브리지에서 멀지 않은 템스강 남쪽 기슭의 뱅크 사이드[Bankside]에 위치해 있습니다. 이 지역은 로마인이 지은 최초의 런던 다리의 남쪽 끝에 형성된 고대 정착지로 16세기 말에는 도박과 환락가 극장으로도 유명한 지역이었습니다.

셰익스피어 글로브는 1598년 뱅크 사이드 [Bankside]에 문을 열었으나 이후 극장은 영국 남북 전쟁에서 승리한 청교도들에 의해 폐쇄되었고 이후 은행 사이드는 18세기 중반부터 무역, 상업 및 산업 분야에서 점점 더 활발해졌습니다. 그러나 20세기 초부터 도시의 탈산업화는 쇠퇴를 가져왔고 제2차 세계대전의 폭격으로 피해도 있었다고 합니다.

1897년 헨리 데이트 경위 설립한 갤러리로 지금부터 약 124년의 과거를 돌아갑니다.

공식적으로 영국 국립미술관이라고 불리는 이 미술관은 처음부터 테이트[Tate]로 널리 알려졌습니다.

테이트 모던[Tate Modern]의 기원은 1917년 테이트에게 국제 현대 미술 컬렉션을 구성하는 추가적인 책임을 주면서 시작되어 이후 1980년대에 현대 컬렉션을 소장하기 위해 런던에 새로운 박물관을 만들기로 했는데 그 결과가 테이트 모던[Tate Modern]이며 국제 현대 미술의 테이트 컬렉션은 파리에서 일어난 혁명적 발전과 함께 20세기 초에 시작하며 이후 상상할 수 없었던 미디어, 기술 및 표현 형식이 예술 현장으로 발전하게 됩니다.

훌륭한 건축학적 특징을 지닌 건물로 세인트 폴 대성당 맞은 편에 있습니다. 세계에서 가장 유명한 건축가를 포함하여 70명이 넘는 건축가가 참가한 국제 건축 공모전이 열렸고 최종 선택은 두 명의 젊은 스위스 건축가 자크 헤어초크[Jacques Herzog]와 피에르 드 뫼롱[Pierre de Meuron]의 제안이 반영되게 됩니다.

Tate Modern 2004 Olafur Eliasson-Weather Project

이들의 계획에는 두 가지 구성 요소가 있는데 먼저 터빈 홀의 숨이 막히는 공간으로 들어가는 긴 경사로 아래의 입구 부분에서 방문객은 에스컬레이터를 타고 2층을 지나면 갤러리로 확장됩니다. 다음으로 건물 꼭대기의 광다발로 알려진 2층 높이의 유리 구역을 추가했습니다. 매일 갤러리에 자연 채광을 공급하고 런던의 시내 특히 세인트 폴의 멋진 전망을 제공하고 밤이 되면 세상에 위대한 새로운 존재를 널리 알립니다.

테이트 모던[Tate Modern]은 국제 현대 미술의 데이트 컬렉션을 보여줍니다. 컬렉션의 전시는 3개의 갤러리 층 중 2개에 이르러 4개의 테마 섹션으로 나뉘어 있으며, 박물관에서 일반적으로 사용되는 예술의 연대순 프레젠테이션과는 완전히 분리됩니다. 섹션은 각각 한 층의 절반을 차지하며 각 섹션은 풍경, 정물, 역사 및 누드의 네 가지 주요 전통 예술 범주 중 하나에 중점을 둡니다. 각 섹션은 주제가 현대 시대에 어떻게 지속되고 변형되었는지를 제안하도록 설계되었습니다.

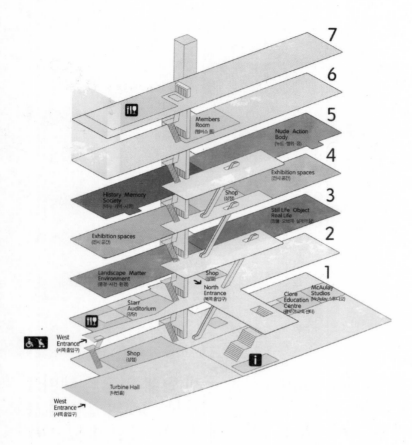

7

6

5

4

3

2

1

Members
Room
(멤버스 룸)

Nuda Action
Body
(누드·행위·몸)

Exhibition spaces
(전시 공간)

History Memory
Society
(역사·기억·사회)

Shop
(상점)

Still Life Object
Real Life
(정물·오브제·실제의삶)

Exhibition spaces
(전시 공간)

Landscape Matter
Environment
(풍경·사건·환경)

Shop
(상점)

North
Entrance
(북쪽 출입구)

Clore
Education
Centre
(클로어교육 센터)

McAulay
Studios
(McAulay 스튜디오)

Starr
Auditorium
(강당)

West
Entrance
(서쪽 출입구)

Shop
(상점)

Turbine Hall
(터빈홀)

West
Entrance
(서쪽 출입구)

© Marcus Leith, Tate Photography 2000

테이트 모던[Tate Modern]은 현대 및 현대 미술의 새
로운 주요 박물관입니다.

독특하고 매력적인 접이식 형식을 사용하는 활기찬 안
내서들은 각 주제를 설명하고 강조합니다. 또한, 폐기된
발전소가 어떻게 국제 미술관으로 바뀌었는지 보여줍니
다.

스웨덴[Sweden] 스톡홀름[Stockholm]

바사 박물관
[Vasa Museum]

스웨덴[Sweden] 스톡홀름[Stockholm]
바사 박물관[Vasa Museum]
———

스웨덴의 수도이자 북유럽의 베니스라 불리는 스톡홀름!

17세기 초 발트해의 패권을 장악하기 위해 전장 70미터에 돛이 3개가 달린 거대한 전함 바사호를 건조하여 스톡홀름 항구를 출항했으나 30분 만에 수장된 전함!

침몰 후 333년 만인 1961년에 인양되어 1979년까지 약 18년의 복원과 보존작업으로 29년만인 1990년 모습을 드러낸 과욕과 표준단위의 부재가 부른 비운의 전함 바사호와 바사호를 품은 바사박물관!

SAMSUNG SM-G930K F1.7 1/10s

166

" 과욕과 표준단위의
부재가 부른 비운의 전함

바사호! "

발트해[Baltic sea]는 북유럽의 바다로 스칸디나비아반도와 북유럽 동유럽 중앙 유럽 그리고 덴마크의 섬들로 둘러싸인 바다를 말합니다.

고대 로마 시기 발트해는 게르만족의 분파인 수에비족의 이름을 빌려 수에비 해[라틴어-Mare Suebicum]로 불리었고 바이킹 전성기에 스칸디나비아[Scandinavia]인들은 동쪽 호수라 불리게 되었는데 오늘날까지도 스칸디나비아에서는 발트해를 동해라고 부르고 있습니다.

스웨덴과 발트해에 접한 국가들은 전통적으로 어업이 주를 이루었고 호박과 함께 목재 아마 모피 등이 취급되었다고 기록되어 있습니다. 스웨덴은 중세 시기부터 철과 은을 캐는 광산이 운영되었으며 이는 주요한 교역품이었습니다.

스칸디나비아의 바이킹들은 발트해 전역의 무역로를 독점하고 있었으나 11세기 무렵부터 12세기 동안 슬라브[Slavs]족의 영향력이 증대하였고 이들은 독일 북부를 거점으로 발트해에서 해적활동을 벌였습니다. 13세기에서 17세기에 이르는 동안 발트해는 한자동맹[Hanseatic League]의 영향력 아래 있었습니다. 16세기에서 17세기 초까지 폴란드와 리투아니아 연방, 덴마크, 스웨덴은 발트해를 두고 다투었는데 이에 승리한 스웨덴 제국은 발트해의 무역로를 독점하게 되기에 이릅니다.

그러나 18세기 무렵 발트해에서는 러시아와 프로이센의 영향력이 증대하였고 러시아를 상대로 싸워 패배한 스웨덴은 러시아에 발트해의 독점권을 내어주게 됩니다.

17세기 초 스웨덴은 발트해의 패권을 장악하기 위해 사상 초유의 전함을 건조하게 되는데 이 전함은 전체 길이가 70미터에 돛이 3개로 구성되었고 높이는 18m에 이르는 전함 바사호입니다.

폴란드와 리투아니아 침공을 위해 1628년 8월 10일 스웨덴 국왕을 포함한 국·내외 귀빈 등 많은 군중이 지켜보는 가운데 축포를 쏘면서 스톡홀름 항구를 출항했는데 출항 직후 30분 만에 이유를 모른 채 순식간에 침몰하게 됩니다.

왕은 믿기 어려운 이 사건에 대해 모든 국민에게 함구령을 내렸다고도 전해졌습니다.

이 전함은 2열 포문 배치를 비롯해 검증되지 않은
다양한 기술의 시도로 제국의 권위를 위하여 만들게 되
었는데 결국은 많은 대포와 과도한 장식의 무게를 견디
지 못한 채 침몰하게 되었다고 기록하고 있었습니다.

SAMSUNG SM-G930K F1.7 1/10s

당시로서도 그 충격과 여파는 실로 엄청났을 것입니다.
이후 초대형 전함 바사호의 침몰 원인에 대하여 의견이
분분했으나 결국 함포를 너무 많이 실어 과욕이 부른
참사로 결정이 나게 되었다고 합니다.

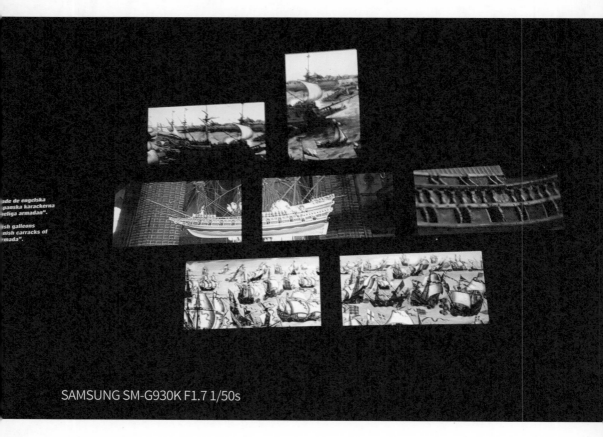

SAMSUNG SM-G930K F1.7 1/50s

이후 333년 만인 1961년에 바사호 선체를 인양해 조사하다 과거에 알려진 침몰 원인과 다른 점을 발견하게 되었는데 다름이 아닌 무게중심의 설계결함으로 밝혀지게 되었습니다.

좌현이 우현보다 목재가 더 두꺼웠으며 길이가 더 길어 좌우대칭이 맞지 않았던 이유였습니다.

바사호를 건조하면서 좌현은 스웨덴 조선공들이 우현은 네덜란드 조선공들이 제각각 자기 나라의 척도 기준인 인치와 피트의 길이로 설계하고 건조하게 되었던 것이었습니다.

스웨덴과 네덜란드의 인치와 피트의 길이가 조금씩 달랐던 것뿐인데 이 작은 오차가 당대 최대의 전함을 출항 30분 만에 침몰시킨 원인이 되었던 것입니다.

SAMSUNG SM-G930K F1.7 1/10s

SAMSUNG SM-G930K F1.7 1/10s

과거에는 신체를 이용한 직관적 단위를 사용했는데 예를 들면 한 뼘, 한 아름, 한 움큼으로 소통하기도 했으며 발 길이의 기준으로 피트를 팔꿈치부터 손끝까지 길이를 큐빅으로, 코에서 손끝까지의 길이를 야드라고 사람의 체형에 따른 매우 원초적인 단위를 사용했다고 합니다.

당시에는 인치와 피트의 단위가 나라마다 일정치 않았고 어떤 나라는 왕의 신체 일부를 기준으로, 또는 곡식의 길이로 측정하기도 하였으며 그 길이가 왕마다 달랐고 왕이 바뀔 때마다 달랐다고 합니다.

서로 합의되지 않았고 자존심
으로 자신의 것이 맞다고 우겨
댔던 갈등이 결국 비참한 경험
을 통해 깨달았고 이후 규격을
물론 도량형 단위 언어의 통일
이 얼마나 중요한지 재인식하
는 계기가 됩니다.

바사 박물관의 탄생

바사 박물관은 스톡홀름의 스칸센 서쪽에 위치하고 있습니다.

1990년 7월 15일에 개관한 이곳은 스칸디나비아에서 관광객들이 가장 많이 찾는 박물관으로 바사호에 관련된 자료와 수장품 등이 전시되어 있으며 관람객들은 배의 선박 바닥을 받치는 재목인 용골[keel]에서부터 꼭대기까지 여섯 곳의 다른 위치에서 바사호를 바라볼 수 있게 구성되어 있습니다.

189

각 층에서는 바사호의 준공과 출항 그리고 침몰과 인양의 전 과정을 자세히 전시하여 설명하고 있습니다.

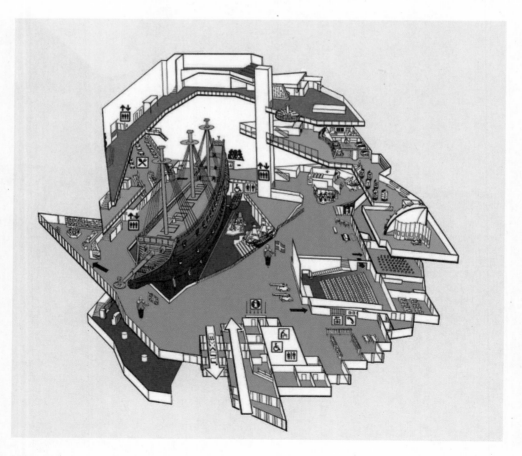

침몰한 이후 1956년에 해양 고고학자인 안데스 프란첸[Anders Franzen]에 의해 발견되어 333년 만인 1961년에 인양된 후 1962년 임시 박물관을 운영하며 1979년까지 약 18년 정도의 복원과 보존작업들이 이루어졌고 1988년 바사호는 전체 공정의 절반 정도의 완성률로 새로운 박물관으로 옮겨졌으며 이후 1990년 박물관 개관까지 약 29년이란 시간이 소요되었습니다.

바사호의 인양과 함께 선적되었던 목조 품과 배안
의 조각상은 물론 당시 선원들의 유골과 유품들이
함께 발견되어 17세기의 사회상 또한 잘 반영해 주
고 있습니다.

THE CLOTHES HE STOOD UP IN

Clothes worn by the crew were the same as
those worn on land.
Each man sewed his clothes, or had them sewn.

The model shows how a seaman might have been attired in 1628:
Wollen cap
Linen shirt, which acted as underclothing
Wollen doublet with shoulder wings and skirt
Wollen breeches, pleated at the waist and gathered below the knees
Stockings made of woollen cloth
Leather shoes

SÅ VAR HAN KLÄDD DA HAN
OMKOM DEN III AUGUSTI 1628

박물관 중앙을 가득 메운 바
사호의 모습은 웅장하기 이를
데 없습니다.

바사 박물관은 바이킹시대의
현존하는 세계유일의 17세기
전함을 건물에 통째로 집어 넣
어 놓은 곳입니다.

박물관의 코어 홀에 정박시키고 주위를 수평과 수직적 공간배치로 반복하여 오르내리며 수백 년의 세월이 녹아든 전함 바사호의 외피의 상세한 모습과 실내공간을 관찰할 수 있습니다. 당시의 모습을 재현한 디오라마 [Diorama]와 바사호에 새겨진 약 700개 이상이 넘는 조각상이 빚어낸 화려하고 웅장한 모습은 절대왕정 시대의 강력했던 왕권을 살펴볼 수 있습니다.

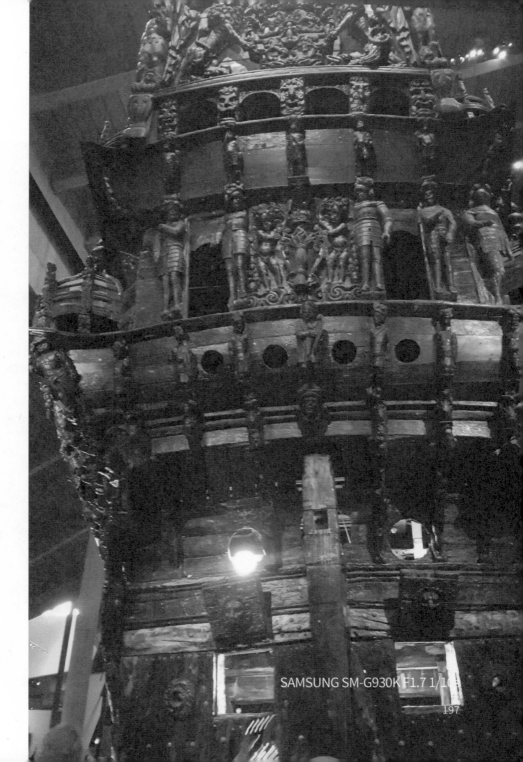

전함 바사호는 절대왕권과 제국에 대한 충성심에 넘쳐 당대에 볼 수 없었던 온갖 화려한 장식으로 치장되었고 강력한 화력을 위해 과도한 수량의 대포를 배치하고 적재물의 초과에서 비롯된 결과도 작용하였습니다.

당대 최대의 전함을 꿈꾸며 설계에서부터 건조 과정까지의 상황들을 살펴보면 오늘날의 모습들과 별반 다를 리 없습니다.

하드웨어[HW]와 소프트웨어[S/W]의 부적격과 부조화, 비합리적이고 비효울적이나 목적만을 위한 오늘날의 정책과 그 산물인 도시계획과 지역개발 그리고 건축물과 전시공간들에 대하여 되돌아보게 하는 교훈이 되는 바사호와 바사박물관입니다.

VASAS BESÄTTNING PÅ 445 MAN

VASA'S CREW OF 445 MEN

소설 돈키호테의 배경이 된 풍차마을

스페인[Spain]
꼰수에그라[consuegrar]

스페인
Spain

꼰수에그라

소설 돈키호테의 배경이 된 풍차마을
스페인[Spain]
꼰수에그라[Consuegrar]

——

돈키호테는 스페인 극작가 세르반테스[Cervantes 1547~1616]의 소설 속 인물로 등장하여 기상천외하고 황당한 이야기를 남기고 세상을 떠났지만 400여 년이 지난 오늘날까지도 시대를 초월하여 돈키호테와 풍차마을 꼰수에그라는 세상 사람들에게 사랑받고 있습니다.

피카소를 비롯해 많은 예술가에게 영감을 주기도 하고 연극과 뮤지컬 발레 등 다양한 장르의 작품으로 회자되고 있는 돈키호테와 그의 활약상의 무대가 된 풍차마을 꼰수에그라로 기행을 떠납니다.

Canon EOS 5D Mark II F8.0 1/320s

205

Canon EOS 5D Mark II F10.0 1/500s

코로나 감염증이 좀처럼 안정세를 찾지 못하고 백신도 별반 효과가 없이 전염률이 높은 델타 바이러스 등 다양한 변이 바이러스가 세포 분열하듯 확산되어 지구촌을 감염시키며 일상마저도 무너져 가는 힘든 날들의 연속입니다.

엎친 데 덮친 격으로 지구촌 곳곳에 폭염과 폭우 등 기상이변이 일어나고 한국도 여름을 맞아 폭염과 열대야의 날들입니다.

무한에너지가 충만했던 필자도 느슨해지나 이대로는 안 될 일입니다.

방학이면 세계의 도시와 마을로 떠나던 기행은 벌써 두 해째 멈추었지만, 기행에서 돌아와 쌓여있는 사진과 글들을 정리하며 집필과 연구 활동으로 여름을 나고 있습니다.

문득, 국내·외 정세와 일련의 상황들을 바라보며 과대망상으로 돌출행동을 하지만 꿈과 이상을 향해 돌진하며 정의롭고 약자를 보호하는 돈키호테가 생각납니다.

Canon EOS 5D Mark II F7.1 1/400s

기행문에는 이렇게 기록하고 있습니다.

-중략-

우리 일행은 마드리드에서 출발하여 안달루시아 지
방의 주도 세비야로 향하는 길에 돈키호테로 유명한
하얀색 풍차의 마을 꼰수에그라에 도착했다.

-중략-

CLAVILEÑO

© 정희정 │ Canon EOS 5D Mark II F9.0 1/320s

Canon EOS 5D Mark II F8.0 1/500s

> " 하얀색 풍차가 있는 마을
> 꼰수에그라[consuegrar]는
> 스페인의 중부도시 마드리드
> (Madrid)의 남쪽에 인접한
> 라만차[La Mancha]지역에
> 자리하고 있습니다. "

214

책 위에 올라선 채 한 손에 검을 들고 있는 비쩍 마르고 수염이 텁수룩한 모습에서 평범한 사람이 아닌 바로 돈키호테임을 알 수 있습니다.

돈키호테는 50이 가까운 나이로 군살 없는 골격에 얼굴이 삐쩍 마른 시골 귀족으로 등장합니다. 당시에 유행하던 소설에 흠뻑 빠져 좋아하던 사냥도 마다하고 소설책들을 구입하느라 농지까지도 팔아가며 며칠이고 잠도 자지 않고 밤을 새워 책을 탐독했습니다.

그는 소설 속 이야기들을 모두 현실이라고 믿기 시작하면서 마침내 정신 이상자에 이르게 되고 스스로 기사가 되어 세상을 떠돌아다니기로 마음먹게 됩니다.

선조로부터 물려받은 낡은 칼과 창 그리고 절반은 떨어져 나간 낡은 투구를 어설프게 손질하여 무장한 채 '돈키호테 데 라 만차[라 만차의 돈키호테]'라는 이름을 스스로 붙이고 뼈가 앙상한 자신의 말에도 '로시난테[Rosinante]'라는 근사한 이름을 작명해 줍니다.

소설에는 돈키호테 못지않게 흥미로운 인물로 같은 마을 농부인 산초 판사[Sancho Panza]가 등장하는데 그는 뚱뚱하고 어수룩해 보이지만 입담 좋고 나름 셈법이 능한 인물로 묘사되고 있는데 그는 돈키호테로부터 섬 하나를 정복하여 그 섬의 영주로 만들어 주겠다는 설득에 솔깃해 처자식을 남겨두고 돈키호테의 충직한 하인으로 태어납니다.

돈키호테는 피폐하고 어수선한 세상을 바로잡고 부정과 비리를 척결하고 가난하고 어려운 사람들을 구한다는 다짐으로 좌충우돌한 여정이 시작됩니다.
세간에서는 비록 허무맹랑하기 이를 데 없는 망상에서 시작된 다짐이지만 실제로 그는 약자와 어려운 사람들에게는 겸손하고 유연하였고 악당으로 판단되는 인물은 물불을 가리지 않고 용기를 발휘했다고 전해지고 있습니다.

Canon EOS 5D Mark II F2.8 1/40s

218

" **돈키호테**의 유명한 일화로 잘 알려진
풍차의 전경입니다.

평원을 지나다 마주치게 된 수십 개의
풍차를 거인들로 착각하고 하인 산초 판사
[Sancho Panza]의 만류에도 불구하고
애마 로시난테[Rosinante]를 타고 공격했으나
그만 커다란 풍차의 날개에 받쳐
멀리 나가 떨어져 버립니다.

그런 상황에서도 정신을 차리지 못한 돈키호테는
마법사가 거인을 풍차로 변장시켜 놓은 것이라고
확신에 차 있었습니다. "

219

Canon EOS 5D Mark II F8.0 1/400s

Canon EOS 5D F2.8 1/50s

돈키호테의 여정은 멈추지 않았습니다. 한번은 장례 행렬과 마주치자 억울하게 죽은 사람의 시신을 훔친 악당들로 몰아세우며 시신을 내놓으라며 억지를 부리기도 하고 양떼 무리를 만나자 적군의 행렬이라며 양들을 무차별 공격하다 목동들에게 두들겨 맞아 혼이 나기도 합니다.

돈키호테는 자신의 정의로운 대결에서 늘 패배했고 매번 두드려 맞아 뼈가 부러지고 어느 한 곳 성한 곳 없는 상태에서도 포기하지 않았습니다.

그는 어린 양치기 소년을 주인의 학대로부터 구해내고 실연당한 남자의 사연을 듣고 같이 슬퍼하며 위로해주는 모습도 보입니다.

Canon EOS 5D F5.0 1/100s

돈키호테의 기상천외하고 용기 있는 여정들이 세상에 알려지며 조롱하고 비웃기도 하지만 한편으로 미쳐있는 사람이긴 하지만 혼란스럽고 삭막한 세상에 신사적인 자세와 기사도 정신을 베푸는 돈키호테를 이해하는 사람들도 생겨나게 됩니다.

그렇게 꽤 오래된 날들이 지난 후...

신부님과 이발사를 비롯한 마을 사람들은 지혜를 모아 돈키호테와 하인 산초를 마을로 데려오게 되었고 얼마 지나지 않아 돈키호테는 제정신을 되찾게 됩니다.

꿈과 이상을 향해 돌진하지 않는 삶은 그에게 의미가 없었을까요?
정신이 되돌아온 며칠 후 돈키호테는 세상을 뜹니다!

Canon EOS 5D Mark II F2.8 1/40s

225

Canon EOS 5D F6.3 1/160s

그렇게 돈키호테는 세상을 떠나고 400여 년이 지난 오늘날까지도 돈키호테와 풍차마을 꼰수에그라는 세상 사람들에게 사랑받고 있습니다.

피카소 등 수많은 예술가들에게 영감을 주었고 연극 뮤지컬 발레 등 다양한 장르의 작품으로 회자되었습니다.

마드리드의 스페인 광장[Plaza de España]에 세워진 돈키호테와 산초 판사의 동상은 세계에서 방문한 관광객들의 포토존이 되고 있고 알칼라 데 에나레스[Alcalá de Henares]의 세르반테스 생가 앞에는 돈키호테와 산초 판사가 벤치에 앉아 얘기를 나누는 모습의 조형물이 세워져 있기도 하며 스페인의 수많은 지역에서 돈키호테의 동상, 조각, 벽화, 그림, 각종 조형물, 간판, 엽서, 인형 등 이루 셀 수 없이 많은 상품을 발견할 수 있습니다.

Canon EOS 5D F4.5 1/100s

2002년 노르웨이의 노벨연구소[Nobel Institute]에서 세계 54개국의 유명 작가 100명을 대상으로 한 문학 사상 최고이며 중요한 작품[Best And Most Central Works]에 대한 설문조사를 실시한 결과 '최고'로 꼽히기도 했다고 합니다.

Canon EOS 5D F8.0 1/500s

231

기행문에는 이렇게 기록하고 있습니다.

-중략-

우리의 일상이 한류라는 이름으로 조명받고 있다.
우리의 훌륭한 자원과 자산을 발굴하고 개발하여
문화콘텐츠의 미래한류를 만들어가야 할 것이다.
꼰수에그라의 하얀 풍차들이 줄지어있는 산책길을
따라 한참을 돌아본 후 마을의 돈키호테 미니 박물
관을 돌아본 후 '돈키호테의 흔적이 남아있는 듯,
흔적을 만들어 놓은 듯'한 식당에서 점심을 들고
꼬르도바[Córdoba]로 향한다.

-중략-

Canon EOS 5D Mark II F7.1 1/320s

ⓒ 정희정 │ Canon EOS 5D F8.0 1/400s

독일 [Germany]
뤼데스하임 암 라인 [Rudesheim Am Rhein]

에서 만난 8월의 크리스마스

독일 [Germany] 뤼데스하임 암 라인
[Rudesheim Am Rhein] 에서 만난
8월의 크리스마스

기행문에는 이렇게 기록하고 있습니다.

-중략-

8월 27일 우리 일행은 프랑크푸르트 암 마인 국제공항으
로 가기 위해 32개로 이루어진 가로들이 성을 중심으로 방
사형으로 발전되어가는 특이한 형태를 이루고 있어 부채
꼴 도시(Faecherstadt)라는 별칭을 가진 인구 약 30만 가
량으로 식품 산업이 유명한 카를스루에 [Karlsruhe]에서
하룻밤을 지내며 일상생활을 잠시나마 경험할 수 있었다.

238

SAMSUNG SM-G950N F1.7 1/100s

240

식품 산업이 유명하다는 말처럼 대형마트에는 한국과는 또 다른 풍요로움이 있었다.
다양한 과일과 먹거리 등 식료품들은 한국과 비교해 모든 면에서 고급스러웠지만, 오히려 가격은 저렴했다.

카를스루에의 거리를 돌아본 후 여유로운 하룻밤을 보낸 후 뤼데스하임 암 라인으로 향한다.

-중략-

SAMSUNG SM-G950N F1.5 1/24390s

타우누스 산맥 기슭에 위치하며 라인강의 진주로 불리는 뤼데스하임 암 라인 [Rudesheim Am Rhein]은 10세기 무렵 대주교들이 사용했던 부젠부르크 성[Boosenburg]을 오늘날 포도주 박물관으로 운영하며 포도주 제조에 필요한 도구와 시대별로 사용되었던 포도주잔들을 전시하고 있기도 합니다.

245

SAMAUNG SM-G950N F2.4 1/2146s

246

이 지역에서 생산되는 포도로 만든 라인포도주가 유명하
며 과거 포도주를 사고 파고 중심지 역할을 했다고 하는
데 그런 역사적 사실을 증명하듯 중세시대 목조주택들이
들어선 골목들이 잘 보존되어 숙박시설과 와인가든 선술
집들이 골목들 곳곳에서 자리하고 있으며 밴드 연주가 펼
쳐지기도 합니다.

" 라인 계곡에 있는 와인의 도시로 세계의 관광객들이
많이 찾는 이곳의 경제는 과거 와인생산과 뗏목을 통한
목재수송에 의존했다고 알려져 있습니다. "

SAMAUNG SM-G950N F1.7 1/2312s

정희정 2019.08,27 뤼데스하임 암 라인[Rudesheim Am Rhein]의 니더발트 [Niederwald]언덕에서 바라본 포도밭과 라인강 풍경

SAMSUNG SM-G950N F2.4 1/1965s

오래전에는 톱니 궤도 철도가 오르내리던 곳을 지금
은 구릉의 포도밭 위를 케이블카로 이동할 수 있는
니더발트[Niederwald] 언덕에 올라 라인강과 뤼데
스하임 암 라인[Rudesheim Am Rhein]의 전경을
볼 수 있습니다.

ⓒ 정희정 | SAMSUNG SM-G950N F2.4 1/2320s

니더발트[Niederwald] 언덕 정상에는 동·서 독의 통일 독일을 기념하기 위해 조성되었는데 한 손에는 왕관을 다른 손에는 칼을 든 동상이 세워져 있습니다.

동상은 뤼데스하임 암 라인[Rudesheim Am Rhein]의 전경과 라인강을 넘어 프랑스 방향을 향하고 있습니다.

SAMSUNG SM-G950N F1.7 1/2600s

SAMSUNG SM-G950N F2.4 1/2786s

SAMSUNG SM-G950N F1.5 1/24390s

8월의 불볕더위가 이곳 뤼데스하임 암 라인
에도 이어집니다.
오늘은 바람 한 점 없는 **찜통더위**입니다.

SAMSUNG SM-G950N F2.4 1/2320s

점심을 들었던 중세 목조건물의
식당과 기념품 판매점들에는 8월
의 무더위를 온통 품어 안은 채
천장에는 떨어질 듯 매달려 위태
롭게 흔들리는 실링 팬이 힘겹게
돌고 있었습니다.

식당의 공간 한쪽에는 관광지의 분위기를 몰아 피아노와 바이올린 연주를 하지만 바람 한점 없는 숨이 막히는 식당에서 식사는 입으로 들어가는지 코로 들어가는지 연주가 끝나기를 기다렸다 쉬는 틈에 황급히 나왔습니다.

뙤약볕을 피해 어디론가 몸을 피할 곳을 찾던 중
크리스마스 용품점이 눈에 들어왔습니다. 골목의
식당과는 달리 겨우 숨을 돌릴 만큼의 에어컨과
만났고 8월의 찜통더위에서 크리스마스를 만나
니 위안이 되었던지 제법 더위를 식혔던 기억이
강하게 남아있습니다.

SAMSUNG SM-G950N F1.5 1/15625s

SAMSUNG SM-G950N F2.4 1/775s

266

" 주위를 돌아보니 사람들이 매장을 가득
채우고 있었습니다. 크리스마스 초와 카드와
많은 상품이 전시되어 있었습니다.

인상적이었던 이 매장에서 필자도 꽤 많은
크리스마스 상품을 구입하여 지금도 사용하며
그해 8월의 기행을 회생하곤 합니다. **"**

SAMSUNG SM-G950N F2.4 1/1406s

269

SAMSUNG SM-G950N F1.5 1/24390s

계절과 시즌 구별 없이 8월에
도 크리스마스 용품을 판매하
고 관광객들이 밀려드는 것을
보는 8월의 크리스마스!

이 흥미롭고 인상적인 마케팅
을 기억하고 귀국하여 인터넷
을 검색하였습니다.

필자의 기억 속에 라인강변 포
도의 산지로 유명한 뤼데스하
임 암 라인 보다는 8월에 만난
크리스마스로 기억되고 앞으로
도 그렇게 기억될 것 같습니다.

흥미롭고 인상적인 8월의 크리스마스를 소개합니다.

크리스마스 장식 전문가
케테 울파르트 [Käthe Wohlfahrt]

봄과 여름에는 자연이 빛나고 반짝입니다. 그러나 시간이 지남에 따라, 조용한 가을에, 빛, 화려함과 향기에 대한 갈망은 전 세계의 사람들에게 생겨났습니다. Käthe Wohlfahrt 브랜드의 마법의 크리스마스 장식은 수십 년 동안 이 소원을 이루었습니다. 어드벤트 시즌 이외에는 일본과 미국에서 온 관광객들이 로텐부르크 오데르 타우버(Rothenburg ob der Tauber) 마을로 끌려가고 있습니다.

-중략-

인용-www.kaethe-wohlfahrt.com

출처-www.kaethe-wohlfahrt.com

이외에도 케테 울파르트[Käthe Wohlfahrt]의 사이트에는 크리스마스 장식을 통한 전통과 현대를 재해석하고 있으며 크리스마스 월드 앳 케테 울파르트로 시즌과 시간을 초월한 콘텐츠를 만들어 내고 있습니다.

"독자 여러분도 케테 울파르트 [Käthe Wohlfahrt]와 함께 아름답고 풍요로운 크리마스를 보내시고 한국의 지방자치단체를 비롯 지역개발과 도시재생 명품도시와 명품마을 만들기 등 프로젝트 관련자분들과 일반 시민들도 이번 뤼데스하임 암 라인[Rudesheim Am Rhein]의 기행을 통해 보편적인 콘텐츠로도 글로벌 상품을 만들고 특화된 상품이 지역과 마을의 경제를 활성화시킬 수 있는 관광자원이 될 수 있다는 것을 알 수 있기를 바랍니다."

삶 속의 문화공간

바르셀로나[Barcelona]
네 마리 고양이
[kwateulo gacheu-4GATS]

스페인
Spain

바르셀로나

삶속의 문화공간

바르셀로나[Barcelona]
네 마리 고양이[kwateulo gacheu-4GATS]
——

스페인[Spain] 바르셀로나[Barcelona] 고딕지구
[Barrio gotic]의 골목을 걷다 보면 평범한 카페를 마
주하게 됩니다. 카페의 벽면엔 피카소의 작품들이 즐
비하게 걸려있는 이곳 네 마리 고양이 '콰트로 가
즈'[kwateulo gacheu-4GATS]는 1900년 피카소가 처음
으로 개인전을 열었던 곳이라고 합니다.

파블로 피카소 [Pablo Picasso]의 무명시절 일상적 삶과
작품 활동을 이어가기 위한 발판이 된 레스토랑 겸 카페
인 네 마리 고양이[4GATS]를 만나봅니다.

Canon EOS 5D Mark II F2.8 1/30s

Canon EOS 5D Mark II F2.8 1/400s

280

기행문에는 이렇게 기록하고 있습니다.

몇 해 전 겨울, 우리 일행은 에스파냐[España-스페인의 옛 이름] 안달루시아[Andalucía] 남부지방, 고대 이베리아 시대부터 가장 많은 이민족이 자취를 남긴 도시로 알려진 세비야[Sevilla]와 깊은 협곡을 사이에 둔 절벽 위의 도시 론다[VRonda] 그리고 20세기 미술사 최고의 거장으로 불리는 입체주의 창시자 파블로 피카소 [Pablo Picasso]의 고향인 휴양도시 말라가[Malaga]와 1960년대 이전까지 농사 외에는 내세울 만한 산업이 없는 낙후한 지역이었으나 이후 스페인 남부 '태양의 해변'이라 불리며 리조트가 들어서고 하얀색 집들로 스페인의 명소가 된 하얀마을 미하스[Mijas]를 돌아본 후 늦은 밤 에스파냐에서 역사가 가장 오래된 공항[1919년]으로 파블로 루이스 피카소 공항(Aeropuerto de Pablo Ruiz Picasso)이라고도 불리는 말라가 공항을 출발하여 VY2017편으로 스페인 제2의 도시 바르셀로나로 향한다.

중략

Canon EOS 5D Mark II F2.8 1/30s

공공디자인의 천국이라고 불리는 바르셀로나 [Barcelona]의 거리와 건축가 안토니오 가우디 [Antoni Gaudí i Cornet]의 죽기 전에 꼭 봐야 할 세계 역사 유적 중 하나로 불리는 사그라다 파밀리아[La sagrada familia]와 1895년 착공하여 1910년 완성된 시대를 초월한 디자인의 연립주택 카사밀라[Casa Milà], 돌을 쌓아 올린 비정형의 기둥들과 다양한 구조물들에 화려한 타일을 모자이크로 붙여 만든 독특한 정원 구웰공원 [Park Guell]등 바르셀로나 곳곳에 자리한 가우디의 작품 안에 들어가 체험하고 경험합니다.

기회가 될 때 가우디의 한 작품 한 작품 필자가 공공디자인적 해석으로 바라본 경험적 이야기들을 풀어나가도록 하겠습니다.

Canon EOS 5D Mark II F2.8 1/50s

에너지와 활력이 넘치는 도시!
독특한 모습과 화려한 색으로
가득한 도시!

우리 일행은 바르셀로나의
시내 곳곳을 돌아본 후 호텔로
돌아가는 길에 네 마리 고양이
'콰트로 가츠'[kwateulo
gacheu-4GATS]라고 불리는
유명한 카페에 맥주 한 잔을
하고자 들렸다 미처
알지 못했던 많은 이야기를
찾아낼 수 있었습니다.

© 정희정 | Canon EOS 5D Mark II F2.8 1/30s

Canon EOS 5D Mark II F2.8 1/30s

카페의 벽면은 피카소의 작품들이 즐비하게 걸려있었는
데 이곳 네 마리 고양이 '콰트로 가츠'[kwateulo gacheu-
4GATS]에서 1900년 피카소가 처음으로 개인전을 열었던
곳이라고 합니다.

Canon EOS 5D Mark II F2.8 1/30s

1881년 에스파냐 안달루시아의 말라가에서 태어나 프랑스에서 활동한 입체파 화가 피카소! 하나의 화폭 안에 여러 시점을 담고자 했던 화가들의 열망으로 탄생한 큐비즘 [cubism]!

1907년경 피카소와 브라크에 의하여 창시된 20세기의 가장 중요한 예술운동의 하나로 불리는 입체파는 유럽회화를 르네상스 이후 사실주의적 전통에서 해방시킨 회화혁명으로 기록되고 있습니다.
그 이전인 1901년 피카소는 주로 검푸른 색이나 짙은 청록색의 색조를 띤 그림을 그렸는데 이는 피카소가 친구 카를로스 카사게마스[Carlos Casagemas]의 자살에 영향을 받아 엄숙한 색깔을 선택하며 거지와 매춘부와 같은 암울한 면을 주로 그렸다고 합니다.

Canon EOS 5D Mark II F2.8 1/50s

Canon EOS 5D Mark II F2.8 1/50s

초기 청색 시대를 거쳐 입체주의 미술 양식을 창조하였고 20세기 최고의 거장이 된 피카소!

우리 일행은 피카소가 1900년 최초로 개인전을 개최한 곳에서 맥주를 마시고 있다는 것이 참으로 신기하고 놀라웠습니다. 단골로 다니던 바르셀로나의 선술집 '네 마리 고양이' 이 어두운 선술집 벽 위에 그는 데생 150여 점을 전시했다고 합니다.

Canon EOS 5D Mark II F2.8 1/30s

같은 해 열아홉 살이던 피카소는 친구인 카를로스 카사게마스와 함께 바르셀로나를 떠나 파리로 건너갔으나 채 1년이 지나지 않아 친구 카사게마스가 거리의 여인에게 실연을 당한 충격으로 자신의 머리를 권총으로 쏴 자살했고 친구의 죽음은 피카소에서 엄청난 충격이었고 그 충격이 그림에 반영되었던 것입니다.

Canon EOS 5D Mark II F2.8 1/30s

그로부터 몇 년간 피카소는 옷도 청색을 입었으며 모든
것을 청색만을 소유했으며 청색은 모든 색을 다 담고 있
는 색깔이라고 말하며 죽은 친구 카사게마스를 그렸던 이
시기를 세계의 미술사에서는'피카소의 청색 시대'라 고 말
하고 있습니다.

Canon EOS 5D Mark II F2.8 1/40s

그는 80대로 접어들어서도 그림과 도예 작업을 계속했으
며 이 무렵 판화작업도 했는데 고령임에도 실험을 계속했
습니다. 피카소답게 그는 판화의 역사가 쌓아온 기존의 규
칙들을 넘어서며 왕성한 작품 활동을 하던 중 아흔 두 살
의 일기로 세상을 떠났습니다.

Canon EOS 5D Mark II F2.8 1/30s

바르셀로나의 골목과 골목에서 무명시절을 보내며 예술
혼을 불태웠을 비단 피카소뿐만이 아닌 이 시대의 예술가
들의 삶적 고뇌이자 예술혼을 생각하게 하는 공간 네 마
리 고양이 '콰트로 가츠'[kwateulo gacheu-4GATS]!

Canon EOS 5D Mark II F2.8 1/30s

필자도 미술대학 회화과에서 순수미술인 서양화를 전공했으니 대학 시절 화집과 책으로 접했던 서양미술의 역사와 작품해설 등에서 학습했던 내용과 교차하며 예술가들의 고단하고 굴곡진 삶들을 그려보며 시간을 초월한 시공간에서 밤늦도록 자리를 뜨지 못하고 그들의 환영을 그려보았습니다.

Canon EOS 5D Mark II F2.8 1/30s

사람이 살아가면서 인위적이든 자연적이든 여러 유형의
장르를 초월한 예술자원을 만들게 되고 그것들이 집단의
문화로 발전된다는 것을 알 수 있습니다!

우리가 오늘날 문화적 향유를 즐길 수 있는 것은 참으로
많은 한 사람 한 사람 개인으로부터 시작되어 집단의 문
화로 발전된다는 것을 알 수 있습니다.

Canon EOS 5D Mark II F2.8 1/30s

스페인의 바르셀로나에는 많은 인물이 있지만, 천재건축
가 안토니오 가우디와 피카소의 흔적을 살펴보는 기행을
하게 되었습니다. 천재 건축가 가우디에 대하여는 다음 기
회로 하고 우선 피카소의 이야기를 좀 더 이어가겠습니다.

Canon EOS 5D Mark II F2.8 1/30s

Canon EOS 5D Mark II F2.8 1/40s

무명시절 일상적 삶과 작품 활동을 이어가기 위한 발판이
된 레스토랑 겸 카페인 네 마리 고양이[4GATS]에서 식사
와 술을 마시는 대가로 메뉴판과 POP 그리고 삽화 등을
그려주었다고 합니다.

세계적인 명성을 얻기 이전 무명시절에 함께한 네 마리
고양이[4GATS]를 그는 사랑할 수밖에 없었고 어쩌면 사
랑해야만 했을지도 모를 일이었습니다.

네 마리 고양이[4GATS]라는 이름은 4명이 동업해서 개업하게 되어 붙여진 이름으로 알려져 있습니다. 네 마리 고양이[4GATS]의 창업자 중 한 명이 예술가였던 영향으로 많은 작가들의 작품전이 열리기도 했으며 피카소 또한 이곳에서 생애 첫 전시회를 했으니 아마도 많은 예술가들이 그랬듯이 서로 모여서 작품전도 하고 평론과 비평 그리고 삶과 사랑의 긴긴 이야기들이 녹아들어 있을 것입니다.

Canon EOS 5D Mark II F2.8 1/30s

네 마리 고양이[4GATS]가 1897년에 오픈하였으니 오늘날로부터 정확히 124년의 역사와 함께 이곳은 지금도 여러 작가의 작품들이 피카소의 작품들과 나란히 전시되어 작품전도 하며 판매되었다는 [SOLD] 스티커가 붙어 있는 것으로 살펴 사고파는 갤러리의 역할도 하고 있는 것 같았습니다.

Canon EOS 5D Mark II F2.8 1/30s

우리의 건축자원과 환경도 예술가들의 삶들이 녹아있고대
대로 이어가며 지켜가는 그런 문화적 향유를 꿈꾸며 깊은
밤 호텔로 향하는 골목길을 느리게 느리게 걸어갑니다.

이베리아반도[Iberian Peninsula]의 역사와 건축문화

스페인[Spain]
세고비아[Segovia]

세고비아

스페인
Spain

이베리아반도[Iberian Peninsula]의 역사와 건축문화

스페인[Spain] 세고비아[Segovia]

세고비아는 스페인 카스티야[Castilla]지방 세고비아의 주도로 마드리드에서 북서쪽으로 60km 지점에 있는 과다라마산맥[Guadarrama Mts.]의 해발 1,000미터 지점에 자리하고 있습니다.

기원전 700년 무렵부터 이베리아인이 거주하였으며 기원전 1세기 말에 로마의 식민지가 되기도 하고 이슬람과 가톨릭의 격전지가 되며 로마와 이슬람의 다양한 문화를 만들어내게 됩니다.

Canon EOS 5D Mark II F6.3 1/160s

309

Canon EOS 5D F5.6 1/320s

세고비아[Segovia]에는 백설 공주의 성으로 불리는
알카사르[Alcazar]성이 있는데 세고비아의 에레스마강
(Eresma R.)과 클라 모레스 강(Clamores R.)이 내려다
보이는 언덕 위에 자리한 아름다운 성 알카사르[Alcazar]
는 월트디즈니의 백설 공주에 나오는 성의 모델이 되어
오늘날 스페인 '백설 공주의 성'이라고 불리며 세계인들로
부터 사랑받고 있습니다.

Canon EOS 5D Mark II F5.6 1/125s

311

Canon EOS 5D Mark II F5.6 1/125s

기행문에서는 이렇게 기록하고 있습니다.

-중략

우리 일행은 해발 1,000미터의 굴곡진 고지대를 버스로 달리며 목적지인 세고비아로 향한다. 해발 2,000미터에 이르는 과다라마산맥을 관통하는 터널을 통과한다.

세비야로 향하는 10시 방향에 산만큼이나 커다랗고 높은 십자가가 눈에 들어온다. 전 세계에서 제일 큰 십자가로 그 높이가 100미터가 넘는 에스파냐의 국립 기념물[Valle de los caidos]로 스페인 내란으로 많은 군인이 묻힌 거대한 공동묘지란다.

Canon EOS 5D Mark II F2.8 1/50s

알카사르[Alcazar는]는 로마 시대부터 이어져 온 것
으로추정하고 있으며 높이 80미터에 이르는 망루 등
이 건축되고 움직이는 다리를 지나 성으로 들어갈 수
있게 설계되어 있으며 에스파냐[Spain]에서 가장 아
름다운 성으로 불리지만 이곳은 지리적으로 전략적
인 요새가 되어 수많은 전쟁을 치르게 됩니다. 12세
기 무렵부터 증·개축이 이루어지며 왕들이 살았고 이
후 16~18세기에는 알카사르 일부가 감옥으로 이용되
기도 했다고 기록되어 있습니다.

오늘날 성 안에는 옛 가구와 갑옷, 무기들이 전시되어
있어 있습니다.

Canon EOS 5D Mark II F4.0 1/100s

Canon EOS 5D Mark II F3.5 1/50s

Canon EOS 5D Mark II F2.8 1/60s

Canon EOS 5D Mark II F5.0 1/200s

> 세고비아의 유명한 세계의 문화유산으로
> 16km 떨어진 강에서 세고비아에 물을 운반해주었던
> 수도교의 모습입니다.

Canon EOS 5D Mark II F6.3 1/160s

323

Canon EOS 5D Mark II F4.5 1/200s

화강암으로 건설된 이 수도교는 로마 시대의 우수한
토목 공학 기술을 보여주는 뛰어난 유적으로 현재는
사용되고 있지 않지만 2천 년의 고고한 역사를 지닌
채 세계인들에게 감동을 주고 있습니다.

Canon EOS 5D Mark II F8.0 1/125s

1세기 후반에서 2세기 초반에 걸쳐 세워졌을 것으로 추정하고 있는 수도교는 2만 400여 개의 크고 거칠게 다듬어진 화강암을 블록으로 쌓아 올렸으며 시멘트와 보강재 등을 전혀 사용하지 않은 석조블럭으로 아치 상부의 누르는 힘에 의해 서로 연결되어 있습니다.

세고비아 수도교는 수 세기에 걸쳐 완벽하게 본래의 기능을 수행했으나 11세기 무어인들에 의해 심각한 피해를 입었다는 기록이 있고 이를 15세기에 무렵 복원하였으며 36개의 아치가 원래 모습 그대로 제작되어 오늘에 이르고 있습니다.

Canon EOS 5D Mark II F5.6 1/250s

Canon EOS 5D Mark II F4.5 1/500s

세고비아는 1997년부터는 근처를 지나다니는 차량의 동선을 우회하게 하는 등 수도교를 보존하기 위해 노력을 기울이고 있으며 세고비아 시내의 대부분은 보행자 전용 구역으로 운영되고 있었습니다.

Canon EOS 5D Mark II F6.3 1/250s

1917년에 만들어진 화려하고 웅장한 세고비아 대성당입니다. 이베리아반도에서 마지막 고딕 양식으로 시작했던 세고비아 대성당은 수백 년을 지나오며 르네상스도 만났고 바로크양식으로 최종 완성되었습니다.

Canon EOS 5D Mark II F5.0 1/200s

332

Canon EOS 5D Mark II F4.5 1/500s

세고비아는 2,000년 역사를 자랑하는 보고로 수도교
와 함께 11세기의 알카사르 성과 16세기 무렵 완성한
세르비아 대성당 등의 문화유산을 남겼습니다.

334

수많은 유명 건축물들과 광장 그리고 도로들과 골목 골목들은 에스파냐의 역사를 고스란히 후세에 전하고 있습니다.

열정의 도시 스페인[Spain]
세비야[Sevilla]
스페인광장[Piazza di Spagna]

스페인
Spain

세비야

열정의 도시 스페인[Spain]

세비야[Sevilla]
스페인광장[Piazza di Spagna]

———

스페인의 다른 이름은 열정이고 열정의 다른 이름은 세비야입니다.

스페인과 국가 간의 관계 개선을 목적으로 19년 동안의 준비를 통해 1929년 이베로-아메리칸전람회[Ibero-American Exposition]를 개최하기 위해 만든 스페인광장!

박람회를 위한 건물들과 전시관은 스페인의 사회와 경제 그리고 문화를 녹여 넣었고 건물들은 박람회가 끝난 후에도 오늘날까지 영사관 등 다양한 용도로 사용되어 왔습니다.

Canon EOS 5D Mark II F9.0 1/320s

339

"세비야의 중심부에 자리하고 있어
많은 관광객이 찾고 있으며
세비야의 시민들은 휴식을 즐기며
모두에게 사랑받고 있는 스페인광장입니다!"

340

Canon EOS 5D Mark II F7.1 1/200s

341

2022년 한국은 새로운 정부의 출범을 맞이합니다!

방송을 통해 용산으로 이전할 대통령집무실 건물, 그리고 국민과
소통하기 위한 오픈스페이스가 공원으로 계획될 조감도를 보았습니다.

문득 2009년 광화문광장이 한 차례 변할 당시 중앙일보와 가졌던
인터뷰가 생각나고 또 한차례의 탈바꿈을 위해 서울시가 국제설계
공모를 통해 광화문과 시청역의 지하 도시공간으로 GTX가 연결되는
광화문복합역사 등 광화문광장의'변혁'을 선언하며 설계안의 당선작을
공표했으나 당시 행정안전부와 서울시의 의견 차이로 진행되지 못했던
선례도 생각납니다.

또한, 세계의 도시에서 사랑받는 여러 광장과 공원들도 덩달아 스쳐 지나가고 뉴욕의 센트럴파크[Central Park] 싱가포르의 보타닉가든 [Botanic Gardens] 영국의 하이드 파크[Hyde Park] 같은 도심 속 대규모 공원이 떠오릅니다!

물이 흐르는 수공간과 수목이 우거지고 화초류가 아름답게 피고 지는 공원은 아니더라도 집단에 의해 우리의 광장들을 침해받는 일이 없이 시민들이 자유롭게 일상을 맞이하고 문화적 향유를 즐길 수 있는 그런 공지가 우리에게도 필요합니다.

새로운 용산 시대를 맞이할지는 아직은 확실치 않지만 진행된다면 다양한 역사 인문 자원들이 녹아들어 100년, 1000년을 바라보는 깊이 있는 스토리텔링된 마스터플랜을 통해 친환경적이고 쾌적한 환경 속에서 시민들이 문화적 향유와 쉬어갈 수 있는 그런 자유로운 공원과 광장이 되었으면 좋겠습니다.

Canon EOS 5D Mark II F6.3 1/250s

344

세계의 도시들을 살펴보면 국제 규모의 스포츠 행사나 박람회 등이 끝난 후에도 시대를 초월한 공공 공간의 공적 서비스를 제공하고 있는 시설물들을 만나볼 수 있습니다. 문득 영화의 배경으로도 자주 등장하며 세계인들의 문화 콘텐츠가 되는 이베리아반도의 기행에서 만난 스페인광장을 그려봅니다.

기행문에는 이렇게 기록하고 있습니다.

우리 일행은 소설 돈키호테의 배경이 된 풍차마을 꼰수에
그라[Consuegra]에서 코르도바[Córdoba]를 돌아본 후
버스로 5시간 30분을 달려 해가 기울어질 무렵 열정의
도시 세비야에 도착했다.

-중략-

346

Canon EOS 5D Mark II F7.1 1/200s

세계의 몇몇 도시에는 스페인광장으로 불리는 곳이 있습니다.

첫 번째는 이탈리아 로마에 있는 스페인광장[[Piazza di Spagna]으로 영화 로마의 휴일의 배경이 되어 우리에게 잘 알려진 이곳은 17세기 무렵 교황청의 스페인 대사가 이곳에 본부를 두면서 스페인광장이라고 불리게 되었는데 구시가지와 연결되는 작은 크기의 작은 광장과 교회로 이어지는 계단으로 구성된 이곳은 당시 시민들이 교회와 광장을 연결하게 하기 시작하였다고 합니다.

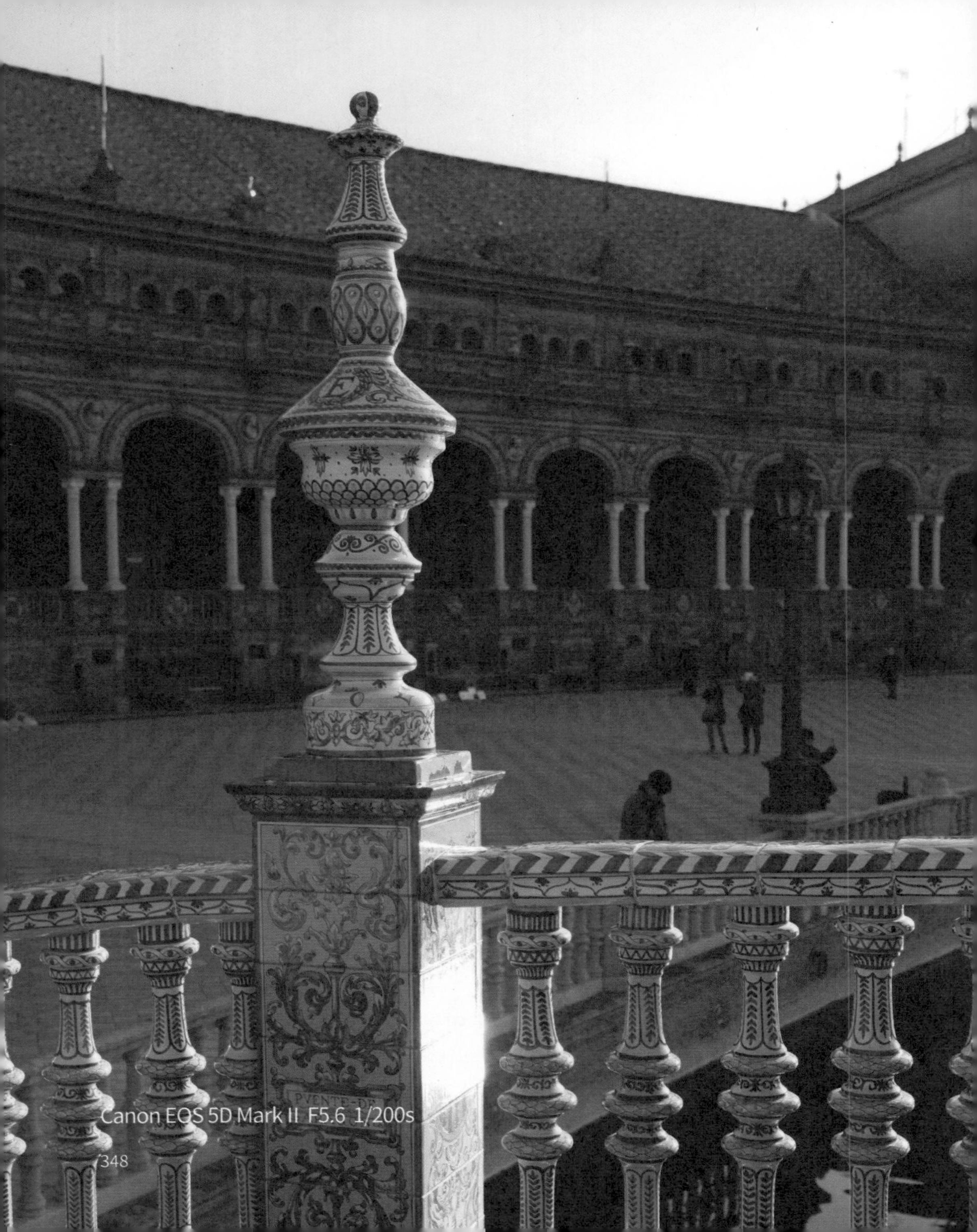

Canon EOS 5D Mark II F5.6 1/200s

두 번째 스페인광장은 마드리드 중심부 번화가인 그랑비아[Gran via] 거리가 시작되는 곳에 있습니다. 평일과 주말 할 것 없이 시민들이 여유로운 시간을 보내는 곳입니다.

광장 중앙에는 스페인의 대표적인 작가 세르반테스[Cervantes]의 서거 300주년을 기념하여 세운 기념탑이 있으며 탑 앞에는 소설 '돈키호테' 속 두 주인공인 돈키호테와 당나귀를 탄 산초 동상이 있습니다.

Canon EOS 5D Mark II F8.0 1/250s

이제 세비아의 스페인광장을 소개합니다.

1929년 이베로-아메리칸전람회[Ibero-American Exposition]를 개최하기 위해 만든 스페인광장입니다.

국가 간의 관계 개선을 목적으로 이루어진 박람회를 위해
무려 19년 동안 세비야는 박람회를 준비했다고 합니다.

박람회를 위한 건물들과 전시를 위하여 천문학적인 비용
을 사용하였으며 박람회의 전시관은 스페인의 사회와 경
제 그리고 전반적인 문화를 녹여 넣었습니다.

352

광장을 둘러싸고 있는 건물들은 박람회가 끝난 후에도 영구적으로 유지되도록 지어졌습니다. 전시관을 비롯한 많은 건물들은 박람회 이후 영사관으로 사용될 계획도 마련하고 있었습니다.

에스파냐 남부 안달루시아의 주도[州都]인 세비야는 과달키비르[Guadalquivir]강 하류에 자리한 항구도시로 스페인에서 네 번째로 큰 도시입니다.

세비야는 로마제국의 지배 당시 불렸던 지명인 히스팔리스[Hispalis]에서 유래하였는데 로마제국 멸망 후 이슬람의 지배 당시에는 이스빌리야[Išbīliya]로 불렸고, 13세기 중반 카스티야-레온왕국[Corona de Castilla]에 정복되면서 오늘날의 세비야가 되었습니다.

고대 로마 시대부터 번창했던 세비야는 712년 무어인들에 의해 정복되어 1248년 레콩키스타[Reconquista] 운동을 벌인 에스파냐에 의해 탈환되기까지 500여 년 동안 이슬람 왕국의 수도였기 때문에 이슬람 문화와 유적이 곳곳에 남아있으며 구시가는 유네스코 세계문화유산에 등록되어 있습니다.

Canon EOS 5D Mark II F8.0 1/250s

Canon EOS 5D Mark II F5.6 1/250s

" 스페인의 다른 이름은 열정이며,
열정의 다른 이름은 세비야로 이곳의 땅과 바람과 물,
그리고 공기와 사람들 모두 열정으로 가득 차 있어
공기 중에 에너지가 떠다니는
뜨거운 땅이라고도 불린다고 합니다. "

Canon EOS 5D Mark II F8.0 1/320s

358

열정이 넘치는 세비야인들은 삶에 만족하지 않고 신세계를 향한 호기심이 늘 넘쳤습니다.

세비야에는 아메리카 대륙을 발견한 이탈리아 항해가이자 탐험자인 콜럼버스[Columbus]의 무덤과 기념탑이 있어 15세기 중반부터 16세기 무렵까지 대항해 시대의 무역항이자 아메리카 여행지의 출발점임을 잘 대변해 주고 있습니다.

Canon EOS 5D Mark II F5.6 1/250s

우리 일행은 전날 다소 힘든 일정을 소화하고 다른 때보다 일찍 스페인광장과 가까운 호텔에서 일찍 잠이 들었습니다.

덕분에 스페인광장에서 상쾌하고 청명한 세비야의 아침을 맞았습니다.

어떤 이들은 아침부터 온종일 스페인광장과 건축물들을 돌아보며 열정의 도시 세비야의 석양을 맞이한다고 합니다.

EPILOGUE

이제는 그 어느 때보다도 다양한 전문 분야의 연계와 연대가 절실한 융복합 시대입니다.

하루가 다르게 급변하는 과학의 발달로 인한 디지털 기술과 아날로그 기술의 융합도 필요한 시기입니다.

세계의 도시들도 시대적 패러다임과 함께하는 추세는 당연한 일입니다.

과거 운송과 이동의 단편적이고 단순한 기능만 수행하던 공공건축물인 역사와 지하철들도 이제는 쉼터가 되고 놀이문화가 되는 축제가 열리며 문화공간으로 발전되고 있습니다.

상업적 목적의 공간을 공공에 개방하고 특히 상업의 대명사인 백화점과 기타 다양한 상업시설들에도 수공간과 녹지공간으로 쉼터를 만들고 다양한 콘텐츠로 문화적 향유를 제공하는 상업공간의 공익적 서비스가 확산되며 정착되고 있습니다.

세계의 도시와 마을을 통해 본 "공공공간의 다목적 서비스, 상업 공간의 공익적 서비스"란 제목으로 만들어진 이 책은 필자의 정희정 교수의 공공디자인 세계 기행 [도서출판 미세움 2019]과 세계의 도시와 마을 그리고 사람들 [도서출판 미세움 2021]에 이어 지난 20여 년 동안 세계의 인류 건축 문명권을 기행하며 경험하고 알게 되었던 다양한 삶의 이야기들을 정기간행물인 PUBLIC DESIGN JOURNAL[공공디자인저널]의 한 꼭지인 TRAVEL 편에 소개했던 기행문에 글과 사진을 더하여 엮었습니다.

이 책을 통해 창조적 플래너와 예술가 그리고 주민공동체와 협의체, 정책과 행정을 펼치는 지역개발, 공공디자인, 도시디자인, 경관디자인 등 관련 담당 공무원들과 일반 시민[주민]들에게 도움이 되기를 기대합니다.

2023년 12월 정희정

세계의 도시와 마을을 통해 본
공공공간의 다목적 서비스
상업공간의 공익적 서비스

2024년 01월 15일 1판 1쇄 인쇄
2024년 01월 15일 1판 1쇄 발행

지은이 정 희 정
디자인 PUBLIC DESIGN JOURNAL 편집부
편집디자인 임 찬 호
펴낸이 강 찬 석
펴낸곳 도서출판 미세움
주 소 07315 서울시 영등포구 도신로 51길4
전 화 02-844-0855 팩 스 02-703-7508
등 록 제313-2007-000133호

ISBN 979-11-88602-49-0

정가 20,000원